HR
全流程法务实操手册

人力资源管理从新手到高手

金莹 著

中国法制出版社
CHINA LEGAL PUBLISHING HOUSE

PREFACE

前言

在这个大众创业、万众创新的时代，无数中小企业如同雨后春笋般茁壮成长。但有人的地方，就有江湖；有企业的地方，就有用工风险。近年来，员工依法维权意识不断增强，劳动纠纷案件类型呈现多样化。企业用工风险，从员工招聘到离职，时刻可能发生，企业轻则损失几千元或几万元，重则损失数百万元，甚至更多。

用工无小事，防患于未然。作为企业管理人员，我们应如何理解和运用劳动法律法规？不仅要维护公司的合法权益，也要维护员工的合法权益，实现企业与员工的双赢。相信本书将拓宽您的管理视野，助您多角度、系统化地解决企业规范化管理问题。

1. 读者定位鲜明

本书适合企业主、企业管理人员和人力资源从业人员。期望通过本书，一方面，能够帮助管理者重视劳动用工管理，选择正确且适合企业的用工方式，减少用工成本，提高经营效能。另一方面，新时代的HR需要承载许多职能，HR要成为“人力资源+法律”的双向复合型人才，HR应当掌握一定法律知识，学会处理各种人力资源相关的法务问题，保证企业用工合理、合法、合规。

2. 内容通俗易懂

本书以“实战、实用、实效”为导向，书中没有赘述枯燥的管理理论，表达简洁直接，便于您快速把握要点。书中有案例和案例解析，文字描述和理念分析，还有法律条款的备注以及实操建议，新手或是生手都可以快速地吸收和借鉴，实现用工管理工作的无缝对接。

3.全流程、全覆盖

本书包含了企业用工的全流程，从员工入职（招聘和入职、劳动合同订立与续签、试用期），到员工在职（规章制度、员工违纪处理、工时休假、薪酬管理、员工调岗、工伤病假和医疗期），再到员工离职（劳动关系终止、劳动关系解除）共3大阶段11个模块，这些都是人力资源管理工作的有机组成部分，只有掌握了它们，才能将企业的人力资源根基筑牢、筑稳。

4.实战实操性强

作为从事多年人力资源咨询和培训的“实战派”作者，在撰写本书时，我常常想，本书能够给读者带来的最大价值是什么？我想应该是：**读完就能懂，拿来就能用**。本书的每一个模块，都像是惊喜礼盒，拆开后是让您惊喜的详细模版和配套落地的表格，学会这38个大招，一定可以助力您掌握化解劳动争议的实战技能和方法，防范用工风险，实现低风险、低成本、高绩效的人力资源管理目标。

阅读本书之前，特别提醒您“时效性”和“地域性”两个问题。一是法律是不断变化的。从全国人大劳动法律，到国务院的劳动法规条例，再到各级人大、政府及劳动部门等的规章条例，以及无数的立法、司法解释和行政规范，会不断地废止、修订和完善，本书所列举的条款若出现滞后，请参照最新的条款。二是每个省（市、自治区）的地方性条款也存在一定差异，本书所示例的仅作参考，请您在实践中注意结合所在地条款。

没有规矩，不成方圆。企业只有不断地查漏补缺，规范用工，才可以降低自身风险。现在，让我们一起进入企业人力资源全流程“保卫战”。只要开始了，什么时候都不算晚。

金莹

2022年5月底

CONTENTS

目录

入职篇

在职篇

离职篇

入职篇

第一章
员工招聘和入职的风险

第一节 | 避免招聘歧视

人才招聘决定是企业的生存和发展，无论是求生存，还是谋发展，人才最关键。

一、招聘要避免就业歧视

企业常见的招聘歧视因素有学历、年龄、性别、身体健康状况、户籍、身高、民族和社会出身等。

（一）学历歧视

在招聘市场，有海外求学或就业的经历者成为宠儿，优先录取“985、211毕业生”的现象不少，如“清华/北大→985→211→普通一本→普通二本→三本/专科”，形成“学历鄙视链”。

学历歧视的本质原因是“岗位筛选成本过高”。毕竟岗位有限，而候选者不少，企业希望既可以提升招聘效率，又能降低出错风险。不过，国家倡导就业公平，**在招聘公告和实际操作中不得将毕业院校、国（境）外学习经历、学习方式（全日制和非全日制）作为限制性条件。**

对于学历歧视，建议HR在招聘信息上做如下处理。

1.不要写“985、211院校”；可以写具体的招聘专业，比如：信息工程专业。

2.不要写“全日制”硕士研究生；可以写硕士研究生。

（二）年龄歧视

“35岁以上将无法再就业，50岁之后将会被社会抛弃”，是对用工年龄的

“傲慢与偏见”。

如果用人部门要招聘年龄在35岁以下的项目总监，建议HR在招聘信息上不要写“35岁以下”，可以通过求职简历上的“出生年月”来判断，给用人部门一个侧面反馈。因为年龄门槛，而导致拥有丰富经验的35岁以上求职者失去了为企业效力的机会，岂不可惜。

（三）性别歧视

国家保障妇女享有与男子平等的劳动权利和社会保障权利。而因女职工怀孕、生育，引发的劳动争议案件可能以不同的形式出现，各企业单位应引起重视。

案例

2019年1月5日，张某（女）入职A公司处，双方签订了劳动合同。张某于2019年3月14日检查得知自己已怀孕。2019年4月因办理生育保险，张某将怀孕事宜告知A公司。5月初，张某被通知其2019年4月工作绩效考核得分为70.1分。按照A公司《绩效考核管理办法》的规定，员工月度考核评分在75分以下为“不称职”，公司有权单方与其解除劳动合同。

2019年5月20日，A公司作出《试用期辞退通知书》，以张某未通过试用期考核，不符合所在职位的录用条件为由将张某辞退。张某于2019年5月23日办理离职手续。

张某认为其入职后工作表现优异，2019年2月还被评选为新员工之星，在怀孕后还经常加班，从不影响工作。张某不服，向法院提起诉讼。

案例解析

本案例的关键点是女员工在试用期内怀孕，A公司以“员工月度考核评分在75分以下为‘不称职’，公司有权单方与其解除劳动合同”为由将张某辞退。A公司以绩效考核为名给了张某较低评分，也直接造成张某在试用期届满前被辞退的后果，A公司的行为侵犯了张某平等就业的权利。

本案最终判决A公司向张某赔礼道歉，并在报纸上刊登道歉声明；判决A公司向张某支付精神损害抚慰金20000元。

2019年2月21日，人力资源和社会保障部、教育部、司法部、卫生健康委、国务院国资委、国家医保局、全国总工会、全国妇联和最高人民法院印发《关于进一步规范招聘行为促进妇女就业的通知》中要求企业招聘时有以下六个"不得"。

1.不得限制性别（禁忌工种除外[①]）或性别优先；

2.不得以性别为由限制妇女求职就业、拒绝录用妇女；

3.不得询问妇女婚育情况；

4.不得将妊娠测试作为入职体检项目；

5.不得将限制生育作为录用条件；

6.不得差别化地提高对妇女的录用标准。

HR在招聘面试时，不得询问女职工"是否怀孕""近期有没有怀孕计划""是否生多胎"；在签订劳动合同或协议时，企业不得与女职工签订"三年内不得结婚""五年内不得怀孕"的条款；因为这些都是违反保障女职工平等就业的规定的。

（四）身体健康状况歧视

乙肝歧视一直是很敏感的话题。国家相关法律明确规定，用人单位招用人员，不得以是传染病病原携带者为由拒绝录用求职者。

除非企业能够书面证明拟聘用的员工，将从事法律、法规和卫生部规定乙肝病原携带者治愈前不得从事的工作［餐饮（饭店）、医疗（候诊室）等行业公共场所直接为顾客服务的工作］。否则，企业不能在入职体检中强制要求员工参加乙肝

---

① 《女职工劳动保护特别规定》中女职工禁忌从事的劳动范围包括：（一）矿山井下作业；（二）体力劳动强度分级标准中规定的第四级体力劳动强度的作业；（三）每小时负重6次以上、每次负重超过20公斤的作业，或者间断负重、每次负重超过25公斤的作业。

项目检测；更不得以员工携带乙肝表面抗原为由，拒绝招（聘）用或辞退、解聘。

另外，乙肝项目的检测体检报告应密封，由受检者自行拆阅，任何企业和个人不得擅自拆阅员工的体检报告。

（五）其他歧视

有些企业对“工作经验”有要求，使没有工作经验的应届毕业生和退役军人却步。

还有些企业对求职者的血型、星座或生肖有要求。

还有些企业有户籍、身份、地域的歧视，比如：“只招本市不招外地”“不招农村户口”“不招某省人”等。

招聘歧视有法律风险，并且对考察求职者能否胜任岗位没有实质性的帮助。

二、网络招聘

网络招聘覆盖面广、针对性强、时效性强，能够提高人力资源市场供需对接效率，已成为企业主要的招聘途径。

2020年12月18日，人力资源和社会保障部发布施行《网络招聘服务管理规定》[①]，一份完善的岗位招聘信息主要包含以下内容。

1.企业简介：企业优势是什么，提炼100—200字即可，不得使用“最好”“最佳”等词。

2.岗位名称：如果招聘多个岗位，可分开写。

3.招聘人数：若岗位招聘5人，建议写7—8人，增加求职者机会。

4.岗位要求：不得出现年龄、性别等歧视性内容描述；内容要明确、要细

---

① 《网络招聘服务管理规定》第十五条规定，用人单位向人力资源服务机构提供的单位基本情况、招聘人数、招聘条件、用工类型、工作内容、工作条件、工作地点、基本劳动报酬等网络招聘信息，应当合法、真实，不得含有民族、种族、性别、宗教信仰等方面的歧视性内容。前款网络招聘信息不得违反国家规定在户籍、地域、身份等方面设置限制人力资源流动的条件。

化、要真实描述；不能偏离客观事实，夸大其词。

5.用工类型：应写明正式用工、劳务用工、劳务派遣用工、外包用工等。

6.工作内容：岗位主要工作职责写3—5条即可，清楚描述实际工作内容。

7.工作条件：要说明是否需要出差或在特殊工作环境下工作。

8.薪资待遇：月薪/年薪/浮动薪酬，可写明薪资构成。

9.其他福利：是否有五险一金、旅游等员工福利（可选项）。

10.工作地点：具体工作地址。

11.联系方式：公司座机号码、联系人、联系人手机号等。

总之，HR在设计招聘广告的时候，不仅应注意用词的准确性和表达内容的简洁性，更要注重内容的合法性和合理性。

三、告知义务和知情权

企业招聘的过程，是与求职者双向互动的过程。按照《劳动合同法》第八条规定[①]，企业和求职者均有告知义务和知情权，刻意隐瞒与劳动合同订立相关的关键信息，可能影响合同效力。

如果企业已明确告知员工招聘及录用条件，但员工在订立劳动合同时存在故意虚构重要事实及隐瞒关键情况的行为，导致企业陷入错误认识与其最终签订劳动合同，就可以根据《劳动合同法》第二十六条[②]的规定，认定双方签订的劳动合同无效。

---

① 《劳动合同法》第八条 用人单位招用劳动者时，应当如实告知劳动者工作内容、工作条件、工作地点、职业危害、安全生产状况、劳动报酬，以及劳动者要求了解的其他情况；用人单位有权了解劳动者与劳动合同直接相关的基本情况，劳动者应当如实说明。

② 《劳动合同法》第二十六条 下列劳动合同无效或者部分无效：（一）以欺诈、胁迫的手段或者乘人之危，使对方在违背真实意思的情况下订立或者变更劳动合同的；（二）用人单位免除自己的法定责任、排除劳动者权利的；（三）违反法律、行政法规强制性规定的。对劳动合同的无效或者部分无效有争议的，由劳动争议仲裁机构或者人民法院确认。

企业应履行如实告知义务在先，随后，HR可通过《员工信息登记表》与员工确认其自身信息，并签字承诺信息的真实性，存档备案。

工具1:《员工信息登记表》

《员工信息登记表》

重要提示：以下信息为本单位需要了解的劳动者与劳动合同直接相关的基本情况，劳动者应当如实填写。如在表格不能满足完整内容填写的情况下，可以加页填写，保证信息的真实完整性。

填表日期：　　年　　月　　日　　　　　　　　　　　　员工编号：

入职部门		入职时间		工作岗位		（照片）	
姓名		性别		出生日期			
曾用名		政治面貌		民族			
身份证号码				QQ			
籍贯		联系电话		微信			
外语语种水平		计算机水平		电子邮箱			
最高学历		专业		毕业院校			
参加工作时间		累计工作年限		档案存放地			
紧急联系人				紧急联系人电话			
户籍地							
现居住地							
文书送达地址							

教育培训经历（高中及以上）	起止时间	学校/机构	专业/培训内容	学历/学位	备注

工作经历	入职日期	离职日期	工作年限	工作单位	职务	证明人及电话	离职原因

续表

受过何种奖励				受过何种处罚			
是否接受调岗 □是 □否			是否接受出差 □是 □否		是否接受加班 □是 □否		

其他情况	是否曾缴纳过社会保险 □是 □否 详细情况： 是否曾缴纳过公积金 □是 □否 详细情况： 是否曾经承担过刑事责任： □是 □否 详细情况： 是否被认定为工伤或者职业病： □是 □否 详细情况： 是否存在其他病史： □是 □否 详细情况： 是否有亲属在本公司任职： □是 □否 详细情况： 是否从事过井下、高温、特别繁重体力劳动以及有毒有害工种：□是 □否 详细情况：					
家庭成员	称谓	姓名	出生年月	政治面貌	工作单位、职务	联系电话

声明及确认：

1. 本人确认，公司已向本人如实告知了工作内容、工作地点、工作条件、职业危害、安全生产状况、劳动报酬以及本人要求了解的情况。
2. 本人已充分理解并知悉本表内容为公司需要了解的劳动者与劳动合同直接相关的基本情况，系公司决定聘用与否的关键内容并作为试用期考核的录用条件内容。本人若有隐瞒、编造、提供虚假信息之情形，公司有权依据本人不符合录用条件或严重违反公司的规章制度与本人解除劳动合同，并不支付任何经济补偿；本人以虚假、不实信息等手段，欺诈公司订立劳动合同的，应当依法承担赔偿责任。同时，由此致使公司承担连带责任的，公司有权向本人进行追偿。
3. 文书送达地址为公司向本人送达法律文书的地址，公司向该地址寄送法律文书的时候，如出现包括但不限于拒收、迁址、查无此人等情形时，亦视为送达，所产生的后果由本人承担。该地址发生变更时，本人有义务在变更之日起______日内书面通知公司，否则公司仍按该地址寄送法律文书而出现包括但不限于拒收、迁址、查无此人等情形时，仍视为送达，所产生的后果由本人承担。

续表

4. 本人在入职时与任何主体均不存在劳动关系，与任何主体也均不存在与本岗位有关的保密、竞业限制或服务期义务，否则，若由此引发法律纠纷，由本人自行承担法律责任。 5. 本人自入职之日起______日内协助公司办理签订劳动合同、社会保险登记等用工手续，否则由本人承担一切后果。 6. 本人确认本表信息将作为公司的录用条件，本人保证上述信息真实、准确，并授权公司对本人进行背景调查，同时，本人承诺不会对任何公司或团体因提供或透露本人资料而起诉。 **本人确认以上内容并无异议。** 签　名: 年　　月　　日

• 给HR的温馨提示：

1. 企业常见招聘就业歧视有学历、年龄、性别、身体健康状况、户籍、身高、民族和社会出身等情形。

2. 网络招聘信息要提供：单位基本情况、招聘人数、招聘条件、用工类型、工作内容、工作条件、工作地点、基本劳动报酬等内容。企业发布招聘广告的信息应该真实，特别是岗位职责要明确、要细化、要真实。

3. 企业和求职者均有告知义务和知情权，刻意隐瞒与劳动合同订立相关的关键信息，可能影响合同效力。

第二节 | 发出Offer需谨慎

Offer，全称Offer Letter，指录用信、录取通知。Offer是企业向拟录用的候选人发出的要约，其目的是与其签订劳动合同，建立劳动关系。

一、先体检，还是先发Offer?

根据《民法典》第三编“合同”的规定，合同的订立要经过“要约”和“承诺”两个程序。Offer是企业向候选人发出的有法律意义的“要约”，候选人应允入职的行为就是“承诺”，当“要约”+“承诺”双条件符合，Offer就变成了双方达成合意的一纸合同。

企业已经发了Offer，由于候选人体检不合格或者其他原因，不想录用了，怎么解决?

方法1：HR可以将实际情况告知候选人，取得其谅解，并进行适当的补偿。按照Offer上的要求，由违约方支付违约金，一般不高于入职后一年内平均月工资。

方法2：先建立劳动关系，与劳动者签订《劳动合同》，候选人在试用期内不符合录用条件，也可以解除劳动关系。

在用工期间，候选人的工资、保险等均由企业承担，如不能建立稳定的劳动关系，无疑会增大企业的成本。因此，HR应谨慎发Offer，若非必须发，就不发；若必须发，应先体检或约定相关条款，再发Offer。

二、Offer的法律效力

有些企业采用口头Offer的形式，这是没有法律效力的。书面Offer对双方都有保障，书面Offer包括：基础条款、生效条件和企业单方解除条件。

（一）Offer基础条款

1.录取信息：包括但不限于录用主体、时间、地点、报到携带资料（离职证明、个人资料、学历证书等）。

2.岗位信息：包括但不限于入职部门、岗位。

3.薪酬福利：包括但不限于工资、绩效、分红、股权。

4.上班时间：包括但不限于工作时间、休息休假。

5.试用期约定：包括但不限于劳动合同期限、试用期约定。

（二）明确Offer的生效条件

1.候选人提供的相关资料和证明是真实有效的。如，体检报告、竞业限制协议、资格证书等。

2.入职前的体检结果符合公司和岗位要求。

3.与上一家单位解除劳动关系，且不影响本岗位工作的竞业限制相关文件。

（三）明确企业单方解除Offer的条件

1.候选人不能提供毕业证、身份证、资质证书等资料。

2.候选人体检不合格。

3.候选人完全丧失劳动能力，无法满足拟录用岗位需求。

4.候选人自接到本录用通知书几日内，未在规定时间内答复入职。

5.候选人有犯罪行为，被依法起诉。

6.企业遭遇重大情势变更（比如，企业破产清算等）。

工具2:《录用通知书》

《录用通知书》

________(先生/女士):

非常感谢您来应聘我公司岗位,经面试合格,依本公司招聘和录用管理制度给予录取,竭诚欢迎您加入本公司。具体的报到事项安排如下。

一、所任职位和工资待遇

1.您的所任职位是:____________部____________岗位;

2.工作地点:________________________________;

3.上班时间:__________________________;

4.休息休假:__________________________;

5.试用期____个月;试用期薪资:__________元/月。

二、报到时请准备以下材料

1.身份证原件及复印件;

2.个人简历;

3.录用通知书;

4.学历、学位证书原件及相关职称证书原件;

5.近期二寸免冠照片4张,同版电子照片1张;

6.本人身份证办理的工资卡复印件;

7.户口簿原件及复印件;

8.解除劳动关系的《离职证明》及复印件(应届毕业生不需要);

9.近期体检证明(近三个月内综合体检)。

注:以上证件均需提供原件,办理入职时需扫描。

三、报到时间、地点和联系人

请您于____年____月____日(星期____)____时至公司人力资源部报到。

如果您接受我公司的录用,请在收到录用通知书以后____日内将签署后的本通知书原件传真回本公司（Fax:____________________），如未在规定时间内答复入职，本录用通知书无效。

若您未寄回签署后的本通知书原件或未在____年____月____日前到公司报到，公司将视作您自动放弃该职位，本公司不承担任何责任。

四、企业单方解除Offer的情形

1.如果候选人不能提供毕业证、身份证、资质证书等资料，本录用通知书无效。

2.如体检不合格者，本公司不予录用。

3.候选人完全丧失劳动能力，无法满足拟录用岗位需求，本录用通知书无效。

4.候选人有犯罪行为，被依法起诉的，本录用通知书无效。

5.企业遭遇重大情势变更，本录用通知书无效。

五、本录用通知书在签订劳动合同后不再发生法律效力，双方的权利和义务以劳动合同约定的条款为准；自劳动合同签订之日起录用通知书自动失效。

六、以上事项若有疑问或困难，请与本公司人力资源部联系。

联系人:____________；联系电话:______________________

______公司人力资源部

年　　月　　日

三、Offer的撤回与撤销

Offer只是用人单位向劳动者发出的要约，不是劳动合同，但它对用人单位而言是具有法律约束力的。只要劳动者同意并符合Offer中的约束条件，用人单位就应当按照Offer中承诺的内容如期与劳动者订立劳动合同，否则需要承担缔约过失责任。

《民法典》第四百七十五条、第四百七十六条规定[①]，要约可以撤回，也可以撤销。

案例

陈某是A公司某部门经理，2019年年底，B公司通过猎头向他表明了招聘的意图，为他提供高管职位和高于A公司的薪水，同时还给予股权激励。2020年年初，陈某收到B公司以电子邮件形式发送的Offer，写明了陈某的岗位、工资待遇、工资期限等具体内容。

于是，陈某向A公司提出辞职申请。A公司不愿放弃陈某，陈某的辞职过程一波三折。终于，他辞职成功，就在准备前往B公司报到时，陈某接到了B公司的电话，称由于他拖延的时间太久，B公司早就调整了岗位，并另行招聘他人，已经不需再录用陈某。陈某向法院起诉，请求B公司赔偿其损失。

案例解析

B公司给陈某发送的记载有详细岗位、工资待遇、工资期限的Offer，性质上是一种要约。陈某已经准备前往B公司报到，向原单位提出辞职申请，最终辞职成功为履行合同做了准备工作。B公司仅仅以拖延时间太久为由，告知不录用陈某，无法满足撤销要约的条件，B公司需要赔偿陈某损失。

（一）Offer的撤回

根据法律规定，Offer作为一种要约，其生效时间是根据《民法典》第四百七十四条的规定来判断的。**Offer撤回的关键点在于，撤回要约的通知有没**

① 《民法典》第四百七十五条规定，要约可以撤回。撤回要约的通知应当在要约到达受要约人之前或者与要约同时到达受要约人。

第四百七十六条规定，要约可以撤销。撤销要约的通知应当在受要约人发出承诺通知之前到达受要约人。

有"在要约到达之前"或者"与要约同时"到达求职者。

实践中，企业大多以"书面信件的形式"或者"电子邮件的方式"给求职者发出Offer，只要到达求职者的手上或者电子邮箱中，Offer就已生效。

情形1：HR以挂号信等传统方式发出Offer，可以撤回。

只要发加急快递，就有可能早于挂号信，Offer就可以撤回。

情形2：HR用电子邮件发出Offer，很难撤回。

企业几乎不可能确定求职者是否在接到Offer后拒绝。所以，HR用电子邮件发送Offer的时候，一定要仔细检查是否有疏漏之处，避免纠纷。

（二）Offer的撤销

Offer属于要约，求职者做出同意录用的意思表示属于承诺。**Offer撤销的关键点在于，撤销要约的通知应当在求职者发出承诺通知之前到达求职者。**

情形1：Offer发出之后，求职者尚未作出承诺。

企业可以直接通过电话、邮件的方式告知求职者撤销Offer，如Offer上写明承诺期限，则不可撤销。

情形2：Offer发出之后，求职者作出承诺。

企业在建立劳动者关系之前反悔，通过电话、邮件等方式明确告知求职者不再录用或者不再建立劳动关系。但是，企业应向求职者承担缔约过失的赔偿责任。

总之，Offer撤回或撤销都有风险，发Offer不是法定的劳动合同或方式生效条件，建议HR发出Offer前务必再三检查，多方核对，尽到审慎义务。

• 给HR的温馨提示：

1. 合同的订立要经过"要约"和"承诺"两个步骤，HR不仅要重视合同中的法律风险，还要注意先体检，再发Offer的顺序。

2. Offer也可以个性化，基础内容条款包括：录取信息、岗位信息、薪酬福利、上班时间、试用期约定，明确Offer的生效条件以及企业单方解除Offer的条件。

3. Offer撤回的关键点在于，撤回要约的通知有没有在到达求职者之前或者与要约同时到达求职者。Offer撤销的关键点在于，撤销要约通知应当在求职者发出承诺通知之前到达求职者。

第三节 | 背景调查认真查

招聘面试的过程就是“去伪存真”的过程，为避免候选人提供虚假信息，给企业带来招聘成本与用工风险，有的企业会对中高层岗位和关键技术岗位的候选人做背景调查；也有的企业会对所有职位的候选人做背景调查。

一、先发Offer，再开展背景调查

一旦候选人进入背景调查阶段，离职的信息就变相地在原企业公开了。如果招聘企业最终因各种原因没有发出Offer，无疑会损害候选人的利益。

一般招聘的顺序是：体检→发书面Offer→候选人向原单位提离职→候选人提供背调信息并授权背调→开展背景调查→决定是否聘用。

一般情况下，候选人在拿到Offer之后，会正式向原企业提出离职申请。企业得到候选人授权之后，背景调查才能正式开始。在候选人办理离职交接手续的同时，开展背景调查（调查用时一般不会超过两周，快的话两三天就可以完成）。待背景调查结束，候选人拿到《离职证明》，就可以到新企业办理入职手续。

二、背景调查要征得候选人的同意

背景调查肯定会涉及采集或调查候选人个人信息，那么，哪些信息可以调查，哪些信息不可以调查呢？

根据《民法典》第一千零三十四条规定[①]，候选人背景调查的范围仅限于与劳动合同直接相关。比如：教育背景、工作经历、薪资收入、离职原因、工作表现都属于相关信息，是法律允许的背景调查的范畴。而候选人的婚姻信息、家庭成员、疾病等与劳动合同签署不是直接相关的信息，涉及个人隐私范畴，不可以随便调查。

情形1：企业HR直接进行背景调查，最好获得被调查候选人的签字同意，过程中注意做好隐私保护。

情形2：企业将背景调查委托给第三方背景调查机构，也需要被背景调查的候选人授权，与其签订《员工入职背景调查授权书》，在授权书中将应聘企业和第三方背调机构都写清楚，当出现《民法典》第一百一十一条规定的信息泄露[②]问题时，可以通过授权书进行追责。

工具3：《员工入职背景调查授权书》

《员工入职背景调查授权书》

鉴于与__________________将建立劳动关系，基于良好沟通与信任基础，本人同意____________（公司）及__________________（背调专业机构）对本人进行相关背景信息核查工作，特授权如下：

授权__________________（公司）及__________________（背调专业机构）以合理合法的方式对本人的背景信息进行核实。包括但不局限于：个人基本信息、学历信息、工作经历及生活信息犯罪记录。

---

① 《民法典》第一千零三十四条　自然人的个人信息受法律保护。个人信息是以电子或者其他方式记录的能够单独或者与其他信息结合识别特定自然人的各种信息，包括自然人的姓名、出生日期、身份证件号码、生物识别信息、住址、电话号码、电子邮箱、健康信息、行踪信息等。个人信息中的私密信息，适用有关隐私权的规定；没有规定的，适用有关个人信息保护的规定。

② 《民法典》第一百一十一条　自然人的个人信息受法律保护。任何组织或者个人需要获取他人个人信息的，应当依法取得并确保信息安全，不得非法收集、使用、加工、传输他人个人信息，不得非法买卖、提供或者公开他人个人信息。

在背调期间，本人将配合________________（公司）及________________（背调专业机构）调查核实工作，背调结束后，本人的背调报告及其所有内容，仅允许__________人力资源部门、主管领导及其代理机构知晓，查阅。不得外露给其他不相关的个人、企事业单位或任何其他无关第三方等。在此情况下，背调报告不构成对本人的侵权，本人不追究______________及其代理机构因此而可能产生的法律责任。

此授权书传真件、扫描件与原件具有同等效力。本授权书签订之日起生效直至本授权书中所涉及事项全部履行完毕为止。

本人承诺，在协助背景调查期间所提供的信息真实有效。如若提供虚假信息，本人愿意承担可能会导致拒绝聘用或解除劳动合同关系的后果。

授权人（签名）：

授权人身份证号码：

授权人有效联系方式：

____年____月____日

三、背景调查要细致

在劳资双方关系建立之前，最大限度地降低潜在的法律风险，防患于未然。HR主要针对员工身份、学历、身体状况、劳动关系状态、竞业限制义务、资质等六个方面进行审查；对于部分高层管理人员还要对其的违法犯罪、商业利益冲突等方面进行调查。

表1-1　背景调查审核表

序号	背景调查内容	背景调查途径
1	身份证验证	全国居民身份证号码查询服务中心
2	学历验证	学信网（2002年后的毕业生）

续表

序号	背景调查内容	背景调查途径
3	工作履历验证	阅档、社保缴费记录、劳动合同、第三方机构
4	专业资格验证	国家职业资格工作网
5	劳动关系状态查询	阅档、社保缴费记录、原单位求证、第三方机构
6	工作表现查询	原单位求证、第三方机构
7	员工健康状况	三个月之内的体检报告
8	竞业限制查询	原单位求证、第三方机构
9	违法犯罪记录、劳动争议	无讼网、威科先行网、裁判文书网
10	商业利益冲突查询	工商行政管理部门登记官方注册信息查询

·给HR的温馨提示：

1.先发Offer，再开展背调，这个顺序一定不能乱！

2.背景调查需要征得候选人的同意，在进行背景调查的时候，全程做好隐私保护，企业和候选人协商签订协议或者授权调查，事先规避风险。

3.背景调查主要针对候选人年龄、身份、身体状况、劳动关系状态、竞业限制义务、职业资质六个方面。

第四节 | 聘用外籍人员需审慎

企业在聘用外籍人员时，HR应当严格遵守法律程序上的特殊聘用要求和规定，做好用工登记备案，以保证企业的合法用工。

一、聘用外籍人员的流程

随着越来越多的企业拓展海外业务，境内企业开始招聘外国销售、海外高管等，外国人在中国境内工作应当取得三张重要证书（证件），分别是《外国人就业许可证》《外国人就业证》和《外国人居留许可》。

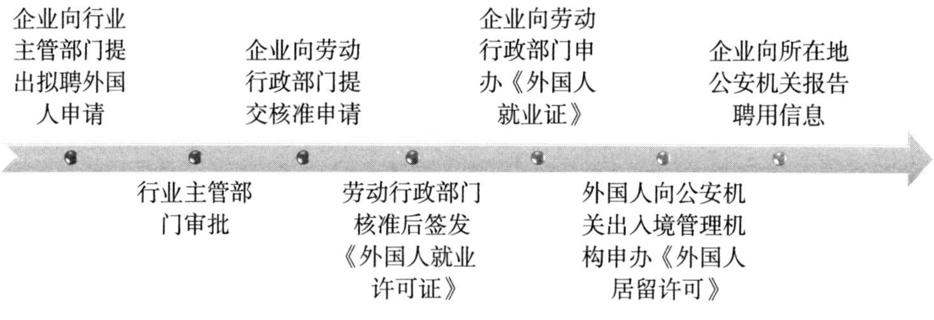

图1-1　聘用外籍人员流程

1.企业办理《外国人就业许可证》

企业聘用外籍人员，首先要向其所在地劳动行政部门提出申请，取得用人资质。如果是娱乐场所需要聘用外国员工，还要向当地文化部门申请。申请办理《外国人就业许可证》，经批准后方可聘用外籍人员。

2.外籍人员办理《外国人就业签证》

企业向将聘用的外籍人员发出《通知签证函》及《外国人就业许可证》。外籍人员持《通知签证函》《外国人就业许可证》以及本国有效护照（可以代替护照的其他证件），到本国驻外使馆办理《外国人就业签证》。

3.外籍人员办理《外国人就业证》

《外国人就业许可证》《通知签证函》《外国人就业签证》都拿到后，外籍人员填写《外国人就业登记表》，到企业所在地的劳动行政部门办理《外国人就业证》。

4.外籍人员办理《外国人居留许可》

外籍人员向企业所在地公安机关出入境管理机构申请办理《外国人居留许可》，居留许可的有效期可依据与企业签订的劳动合同或者就业证的有效期来确定。

企业在聘用外国人时，一定严格遵守相关法律法规，最大限度降低因违法用工可能产生的法律风险，做到守法规、常审核。

一是守法规。企业在聘用外国人工作时务必遵守相关法律规定，HR确保企业取得合法手续后，认真核实外国人的各类信息，包括为外国人出具内容真实的邀请函件及时为外国人办理就业证、居留证等工作资质，切莫抱着侥幸心理不办或延期办理手续。

二是常审核。企业也应当格外注意对外籍员工的日常管理，以确保雇用外国人的相关文件齐全、有效，及时办理相关证件的延期、变更、挂失等。

二、常见的外国人用工问题

企业针对外籍人员的就业管理需严格依照法律规定执行，同时企业仍需把握下述六个关键点。

（一）用人单位的主体资格

聘用外国人的用人单位必须是依法设立的企业法人、社团法人、民办非企业单位等，中国境内的个体经济组织和公民个人不得聘用外国人。

任何单位和个人不得聘用未取得工作许可和工作类居留证件的外国人。如果企业构成了“非法聘用外国人”行为，将面临最高10万元的罚款等处罚措施。外国人非法就业的，可能面临罚款、拘留甚至遣送出境的法律后果。

（二）外国人就业的法定条件

外国人就业的岗位必须属于有特殊需求、国内暂缺适当人员的岗位，同时受聘人必须满足下列条件：

1.年满18周岁，身体健康；

2.具有从事其工作所必需的专业技能和相应的工作经历；

3.无犯罪记录；

4.有确定的聘用单位；

5.持有有效护照或能代替护照的其他国际旅行证件。

（三）劳动合同期限

企业与外国人订立劳动合同，必须是固定期限的劳动合同，且一次约定最长不得超过5年。

如果劳动合同期限届满，双方要续订劳动合同的，需在劳动合同届满前30日内，到企业所在地劳动行政部门办理完毕就业证延期手续，才能续订劳动合同，否则仍可能构成非法用工。

（四）社会保险的缴纳与转移

依据《在中国境内就业的外国人参加社会保险暂行办法》的相关规定，企业为外籍员工参保的险种，同国内员工一致，包括基本养老保险、基本医疗保险、工伤保险、失业保险和生育保险等全部“五险”。外籍员工将统一比照国内员工的社保标准办理参保手续和缴纳社会保险费。

根据外籍人员社会保险缴纳的例外情况及所属国籍与中国双边政策的不同而存在差异。比如：韩国籍或者德国籍的外籍员工，能够提供该员工在本国的社保参保证明的，可以免予缴纳社会保险。而我国台、港、澳地区人员的社保办理和缴纳应参照《台湾香港澳门居民在内地就业管理规定》的相关规定执行。

如果外籍人员未达到领取养老金的年龄而回国的，社保个人账户保留，再次缴纳社会保险时将累计缴费年限。如果外籍人员书面终止社保关系的，社会保险个人账户存储金额将一次性支付给外籍人员本人。

（五）就业证年检或者变更登记

企业聘用外国人就业每满一年，企业HR应在期满前30日内到劳动行政部门为被聘用的外国人办理就业证年检手续。逾期未办的，就业证自行失效。也就是说，在劳动关系存续期间，企业应当按时到劳动行政部门办理外国人就业证的年检，否则就业证失效后，企业继续用工的行为将构成违法用工。

（六）劳动关系解除

外籍员工的劳动关系可通过劳动合同的约定事由解除，比如：就业证到期、双方劳动关系约定解除等。企业也可以适用国内劳动法相关法律规定，解除与外籍员工的劳动关系。

• 给HR的温馨提示：

1.外国人在中国境内工作应当取得三张重要证件，分别是《外国人就业许可证》《外国人就业证》和《外国人居留许可》。

2.企业针对外籍人员的就业管理需严格依照法律规定执行，企业仍需把握六个关键点：用人单位的主体资格、外国人就业的法定条件、劳动合同期限、社会保险的缴纳与转移、就业证年检或者变更登记、劳动关系解除。

第二章

劳动合同订立和续签风险

第一节 | 劳动合同条款的设计技巧

劳动合同，指用人单位与劳动者之间为了确定劳动关系，明确双方权利和义务而达成的协议。

一、劳动合同签订的主体要分清

《劳动合同法》第二条载明[①]，劳动合同签订的主体是：用人单位和劳动者，其他任何主体都不能签订劳动合同。

（一）用人单位

用人单位是指具有用人权利能力和用人行为能力，运用劳动力组织生产劳动，且向劳动者支付工资等劳动报酬的单位。“用人”即运用劳动力组织生产劳动；“单位”即一个合法的组织，需要依法登记注册成立。用人单位主要包括以下两类八种形式。

1.劳动合同制：**工商注册企业**、**个体经济组织**（个体工商户）、**社会服务机构**（各类民办学校、医院、文艺团体、科研院所、体育场馆、职业培训中心、福利院、人才交流中心）、**会计师（律师）事务所**和**基金会**。

2.事业编制：**国家机关**、**事业单位**和**社会团体**。

---

① 《劳动合同法》第二条规定，中华人民共和国境内的企业、个体经济组织、民办非企业单位等组织（以下称用人单位）与劳动者建立劳动关系，订立、履行、变更、解除或者终止劳动合同，适用本法。国家机关、事业单位、社会团体和与其建立劳动关系的劳动者，订立、履行、变更、解除或者终止劳动合同，依照本法执行。

集团公司的子公司、分公司可以作为用人单位吗，它们与劳动者订立的劳动合同是否有效？

子公司具有法人资格[①]，依法独立承担民事责任，可以作为用人单位与劳动者签订劳动合同。

分公司有无独立的法人资格，分两种情况来看。

情况一：分公司依法取得营业执照或者登记证书的，可以作为用人单位与劳动者订立劳动合同。

情况二：分公司尚未依法取得营业执照或者登记证书的，一般需要集团公司委托授权，才可以与劳动者订立劳动合同。

（二）劳动者

“劳动者”具体指达到法定年龄，具有劳动能力，以从事某种社会劳动获得收入为主要生活来源，依据法律或合同的规定，在用人单位的管理下从事劳动并获取劳动报酬的自然人（中外自然人）。成为合法的劳动者必须满足两个条件：

1.达到法定年龄

最低用工年龄为年满16周岁（特殊行业除外）[②]，最高用工年龄为法定退休年龄（男干部、职工60周岁；女干部55周岁，女职工50周岁）。

---

① 《劳动合同法实施条例》第四条规定，劳动合同法规定的用人单位设立的分支机构，依法取得营业执照或者登记证书的，可以作为用人单位与劳动者订立劳动合同；未依法取得营业执照或者登记证书的，受用人单位委托可以与劳动者订立劳动合同。

② 《禁止使用童工规定》第二条规定，国家机关、社会团体、企业事业单位、民办非企业单位或者个体工商户（以下统称用人单位）均不得招用不满16周岁的未成年人（招用不满16周岁的未成年人，以下统称使用童工）。禁止任何单位或者个人为不满16周岁的未成年人介绍就业。禁止不满16周岁的未成年人开业从事个体经营活动。

第十三条规定，文艺、体育单位经未成年人的父母或者其他监护人同意，可以招用不满16周岁的专业文艺工作者、运动员。用人单位应当保障被招用的不满16周岁的未成年人的身心健康，保障其接受义务教育的权利。文艺、体育单位招用不满16周岁的专业文艺工作者、运动员的办法，由国务院劳动保障行政部门会同国务院文化、体育行政部门制定。学校、其他教育机构以及职业培训机构按照国家有关规定组织不满周岁的未成年人进行不影响其人身安全和身心健康的教育实践劳动、职业技能培训劳动，不属于使用童工。

2. 具有劳动能力

具备能以自己的行为，行使劳动权利和履行劳动义务的能力。

二、劳动合同的种类

劳动合同分为固定期限劳动合同、无固定期限劳动合同和以完成一定工作任务为期限的劳动合同三类。

（一）固定期限劳动合同

固定期限劳动合同，指员工与企业约定“起始时间”和“终止时间”的劳动合同。只要双方协商一致，劳动合同期限可短可长。无论一年、三年，还是五年、十年，在签订劳动合同时，双方都很清楚期限届满的具体时间。

（二）无固定期限劳动合同

无固定期限劳动合同，指员工与企业只约定了“起始时间”，没有约定“终止时间”的劳动合同。只要没有出现法律规定的解除终止情形，就可以持续履行。

签订无固定期限劳动合同的员工，是否可以一直工作到退休?

无固定期限劳动合同并非“铁饭碗”“护身符”，只要符合法律规定的条件，企业与员工都可以依法解除劳动合同，如果企业破产、注销或员工严重失职，营私舞弊，给用人单位造成重大损害的，企业与员工也可以终止劳动合同。

（三）以完成一定工作任务为期限的劳动合同

以完成一定工作任务为期限的劳动合同，是员工与企业约定以某项工作任务的完成为期限的劳动合同，是有一定期限的、可以约定终止条件的劳动合同。

对于固定期限劳动合同、无固定期限劳动合同和以完成一定工作任务为期限的劳动合同的适用范围、签订条件、终止情形及选择策略的区别如表2-1所示。

表2-1　三种劳动合同的区别

模块	固定期限	无固定期限	以完成一定工作任务为期限
合同时间	约定起始时间和终止时间	有起始时间没有终止时间	约定任务完成的期限
适用范围	适用范围广	保密性强、高端技术人员	难以确定工作时间的生产经营项目
试用期	有试用期	有试用期	无试用期
社会保险费	缴纳社会保险费	缴纳社会保险费	缴纳社会保险费
签订条件	协商	协商	协商、强制订立
终止情形	法定到期终止	除期满外的法定情形	法定（设定）终止
经济赔偿金	有经济赔偿金	有经济赔偿金	有经济赔偿金
风险	面临期限问题	管理难度较大，隐性成本高	管理难度大
适用行业	流动性强的行业	大型企业、核心员工、老员工	临时用工、季节性行业、项目承包、单项工作

无论签订哪种类型的劳动合同，一经签订立即具有法律效力，员工与企业都应当按照约定，全面履行各自的义务。

三、劳动合同签订内容

2019年11月25日，人力资源和社会保障部根据《劳动合同法》等法律法规和政策规定编制了《劳动合同（通用）》和《劳动合同（劳务派遣）》示范文本。

劳动合同签订内容主要包括：必备法定条款和约定条款。

（一）劳动合同必备法定条款

1.用人单位的基本情况

用人单位名称、统一社会信用代码、注册地、经营地、法定代表人或委托代理人、联系电话等信息。

2.劳动者的主要情况

员工的姓名、居民身份证号、户籍住址、联系电话和经常居住地（通信地址）。

3.劳动合同期限

约定到岗日期，为员工不按时到岗的劳动合同失效提供依据，并可以在下面的条款设计中要求员工承担违约责任。

4.工作内容和工作地点

工作内容条款主要包括员工从事劳动的岗位、劳动生产任务所要达到的效果、质量指标等。

关于工作地点，如该岗位需要经常出差，按照实际情况来约定。

5.工作时间和休息休假

该岗位是标准工时、综合工时或者不定时工时，根据岗位实际情况而定。

对于员工的休息和休假管理办法，在企业规章制度中写清楚，参照规章制度执行。

6.劳动报酬

企业有的写明确的月薪数额；有的写“根据公司规定执行”；有的写“不低于劳动合同履行地最低工资标准”，这些写法都有一定风险。建议HR写出薪酬的约定范围，具体的绩效工资、提成工资、奖金等依据薪酬管理体系而定。

7.社会保险和福利待遇

如果企业是多家公司混合用工的，在订立劳动合同时，建议HR把员工的劳动合同、劳动关系、社保关系统一，放到同一个公司。

如果集团公司的员工借调其他子公司工作，可参考工具《借调协议》[①]。

8.职业培训和劳动保护

职业培训、劳动保护、劳动条件、职业病危害防护的内容，一般参见法律、

① 文中提到工具但未具体说明的，请各位从本社官方网站下载专区下载。——编者著

法规和各行业规章，作原则性的规定。

（二）劳动合同约定条款

用人单位和劳动者可以约定告知义务、加班审批、加班费计算基数约定、赔偿损失、客观情况重大变化、重大损害、被迫解除限制、医疗期满解除、专业技术培训、商业秘密和知识产权、在职期间的竞业限制、送达条款、劳动合同的变更/解除/终止、劳动争议处理等事项。

HR可参考工具《劳动合同可约定条款清单》中的条款，根据企业实际情况完善企业劳动合同约定条款的内容。

四、变更劳动合同的六种情形

1.双方当事人经协商，达成一致变更劳动合同；

2.订立劳动合同时所依据的法律法规已经修改或废止，导致部分条款内容与之相悖而必须修改；

3.企业受有关产业政策影响或根据市场变化决定转产或调整生产任务等经济因素影响，导致劳动合同需要变更；

4.合同订立时所依据的客观情况发生重大变化，致使无法履行，导致劳动合同需要变更；

5.劳动者患病或非因工负伤，在规定的医疗期满后不能从事原工作，由用人单位另行安排工作，需要变更劳动合同；

6.劳动者不能胜任工作，经培训后仍不能胜任或双方协商一致后调整了工作岗位，需要变更劳动合同。

值得注意的是，变更劳动合同未采用书面形式，但已经实际履行了口头变更的劳动合同超过一个月，且变更后的劳动合同内容不违反法律、行政法规、国家政策以及公序良俗，企业以未采用书面形式为由主张劳动合同变更无效的，人民法院不予支持。

• 给HR的温馨提示：

1.签订劳动合同的主体是：用人单位和劳动者，其他任何主体都不能签订劳动合同。

2.劳动合同分为固定期限劳动合同、无固定期限劳动合同和以完成一定工作任务为期限的劳动合同。

3.劳动合同必备法定条款包括八个方面：用人单位信息、员工信息、劳动合同期限、工作内容和工作地点、工作时间和休息休假、劳动报酬、社会保险和福利待遇、职业培训和劳动保护。

第二节 | 不签劳动合同的二倍工资

一、不签订劳动合同的二倍工资

《劳动合同法》第十条[①]、第八十二条[②]有明确规定，依据签订劳动合同的时间有三种常见情形：

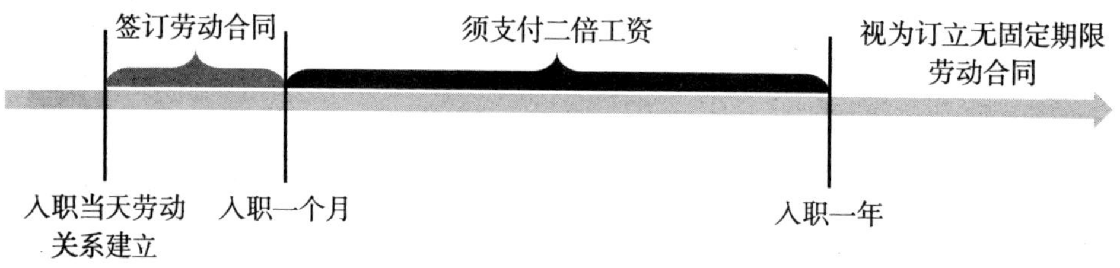

图2-1　劳动合同签订时间与法律后果

情形一：HR在员工入职一个月内签订劳动合同，这是合法的。

情形二：如果员工在入职一个月后到一年内不签订劳动合同，自用工满一个月的次日起，截止到双方订立书面劳动合同的前一日，企业须支付二倍工资，最多支付11个月的二倍工资。

情形三：如果员工入职满一年，双方还未订立书面劳动合同，视为企业与

---

① 《劳动合同法》第十条规定，建立劳动关系，应当订立书面劳动合同。已建立劳动关系，未同时订立书面劳动合同的，应当自用工之日起一个月内订立书面劳动合同。用人单位与劳动者在用工前订立劳动合同的，劳动关系自用工之日起建立。

② 《劳动合同法》第八十二条规定，用人单位自用工之日起超过一个月不满一年未与劳动者订立书面劳动合同的，应当向劳动者每月支付二倍的工资。用人单位违反本法规定不与劳动者订立无固定期限劳动合同的，自应当订立无固定期限劳动合同之日起向劳动者每月支付二倍的工资。

员工已订立无固定期限劳动合同。在此情况下，用工满一年后的二倍工资就不予支持。

因此，HR在签订劳动合同时，一定要有时效意识，避免增加企业的用工成本。

二倍工资的计算时效

未签订书面劳动合同的二倍工资是一种惩罚性规定，不属于劳动报酬。按照劳动争议申请仲裁时效的相关规定一般为一年。

案例

王某2018年4月15日到A公司工作，双方未签订劳动合同，但实际存在劳动关系。A公司拖欠王某三个月的工资，到2019年5月15日双方终止劳动关系，王某离开A公司。王某开始并不清楚二倍工资的问题，经别人指点，王某在2020年7月28日申请劳动仲裁要求A公司支付其二倍工资。

案例解析

本案的焦点在于二倍工资相关的劳动争议申请仲裁时效，根据《劳动争议调解仲裁法》第二十七条①规定，劳动争议的一般时效是一年。

对于拖欠劳动报酬，如果王某的劳动关系存续，那么王某申请仲裁的时间不受一年时效期间限制。事实上，王某和A公司的劳动关系在2019年5月15日终止，应当自劳动关系终止之日起推一年内（2020年5月15日之前）提出，A公司应支付2018年5月14日至2019年5月14日这段时间的二倍工资。实际上，王某在2020年7月28日申请劳动仲裁，已经过了劳动争议申请仲裁的时效，所

---

① 《劳动争议调解仲裁法》第二十七条规定，劳动争议申请仲裁的时效期间为一年。仲裁时效期间从当事人知道或者应当知道其权利被侵害之日起计算……劳动关系存续期间因拖欠劳动报酬发生争议的，劳动者申请仲裁不受本条第一款规定的仲裁时效期间的限制；但是，劳动关系终止的，应当自劳动关系终止之日起一年内提出。

以王某的请求不会得到支持。

1.最多支持11个月的二倍工资

建立劳动关系，但未订立书面劳动合同的状态超过一个月，员工最多可以要求支付11个月的二倍工资。未订立书面劳动合同一年后，视为企业已经与员工订立了无固定期限劳动合同，不再对企业实施支付员工二倍工资的惩罚。

特别说明：大部分地区二倍工资最多支持11个月，北京市二倍工资是不超过12个月。

2.二倍工资的仲裁时效

一般时效：劳动争议申请仲裁的时效期间为一年。仲裁时效期间从当事人知道或者应当知道其权利被侵害之日起计算。

特殊时效：劳动关系存续期间，因“拖欠劳动报酬”发生争议，员工申请仲裁不受一年的时效限制；但是，劳动关系终止的，应当自劳动关系终止之日起一年内提出。

遇到二倍工资问题时，HR可按照“三步法”来判断。

第一步：确定是否仍存在劳动关系

双方是否仍存在劳动关系？劳动关系存续期间，因“拖欠劳动报酬”发生争议，员工申请仲裁不受一年的时效限制。只有离职后，主张劳动报酬才受一年申请时效的限制。

第二步：确定申请仲裁的时效

劳动争议申请仲裁的时效期间为一年。仲裁时效期间从当事人知道或者应当知道其权利被侵害之日起计算。但实际应用中，各地有微小的区别。

比如，江苏省的数额计算规则为：劳动者请求用人单位支付未订立书面劳动合同二倍工资差额的，适用仲裁时效一年，从劳动者主张权利之日起往前倒推一年，只要最后一个月的二倍工资请求未超过仲裁时效，将整个因未订立劳动合同而适用二倍工资的时间按照一个整体计算，予以全额支持。江苏省这种数额计算规则，适用大多数地区，如天津、北京、山东等。

又如，四川省的数额计算规则为：同样适用仲裁时效一年，而这一年是从劳动者主张权利之日起往前倒推一年，逐月计算，超过一年时效部分的二倍工资请求不予支持。四川省不把二倍工资差额看作一个整体，而是逐月计算一年时效期，超过一年诉讼时效的月份不予支持，这种计算方法也见于上海、广东等地。

第三步：确定起算时间和计算基数

关于二倍工资计算基数，不得低于最低工资，这是底线。

有的地区的计算基数包含加班费、年终奖等全部工资性收入；有的地区包含加班费但不包括非按月固定支付的工资项目；有的地区不包括加班费和非常规性奖金、津补贴、福利；有的地区以双方约定的正常工作时间月工资来确定，不包括加班费，需扣除部分工资项目；有的地区以职工所在岗位（职位）相对应的标准工资为基数。

相同的劳动争议事项金额的确定，在不同的地区也会有不同的起算点。HR可以关注本地区各级人民法院和仲裁委关于二倍工资计算基数的裁判观点和依据。

二、员工拒签劳动合同的处理办法

企业没有及时与员工签订劳动合同，将面临支付二倍工资的赔偿、被视为签订无固定期限劳动合同等风险。

案例

高某于2018年2月5日入职A公司，从事驾驶员工作，未签订书面劳动合同。2018年7月2日，高某与A公司解除劳动关系，并要求A公司支付未签订书面劳动合同的二倍工资。对此，A公司主张双方未签订书面劳动合同的原因是高某拒绝签订，过错在高某，A公司不应当向其支付未签订书面劳动合同的二倍工资差额。

案例解析

本案例的焦点在于，A公司不能证明“是高某不与A公司签订书面劳动合同”。事实上，A公司既未与高某签订书面劳动合同，也未书面通知高某签订劳动合同相关事宜或终止双方的劳动关系，故最终支持高某关于二倍工资赔偿的请求。

员工有不守承诺的行为反而获得赔偿，不仅企业遭受了损失，也不符合社会的道德观。企业与员工签订劳动合同，而员工拒绝或者恶意拖延签订劳动合同有以下四步解决方案。

第一步：入职时签订劳动合同

劳动合同必须以书面形式签订，不存在口头约定。不管企业与员工有没有签订劳动合同，劳动关系是从劳动关系实际建立的那天开始计算。

从降低法律风险角度出发，在新员工入职当天，就应该签订书面劳动合同。有些特殊情况难以实现在入职当天签订劳动合同，那么尽量在入职一周内与员工签订劳动合同，签订越早，风险越低。

实务中，有的HR在试用期快结束了才与劳动者签订劳动合同，这样做的风险比较大。因为，试用期必须体现在劳动合同中，如果没有与员工签订合同，试用期不成立或者无效。如果用人单位以试用期不符合录用条件为由解雇员工，可能会被认定违法解除。

第二步：员工拒绝签订劳动合同，HR书面通知员工签订劳动合同

如果员工拒签劳动合同，建议HR以《订立书面劳动合同通知书》形式，书面通知员工签订劳动合同，该通知书可以作为企业主动要求签订劳动合同的证据。

第三步：了解员工拒签劳动合同的原因，协商解决

员工拒签的原因可能很多，双方最好能够协商达成一致。如果无法达成一致，则须进行下一步的操作。

第四步：HR“书面通知”员工终止劳动关系

HR一定要在建立劳动关系一个月之内，“书面通知”拒绝签订劳动合同的员工终止劳动关系。这样既可以防止员工通过恶意拖延而获取二倍工资，也可以免除企业向员工支付经济补偿金的法律责任。这种情况下，企业只需向员工支付其实际工作时间的劳动报酬。

如果，企业与劳动者建立劳动关系一个月内既未与之签订劳动合同也未与员工签订书面终止劳动关系的协议，就等于企业放弃了终止劳动关系的权利。那么，企业自用工之日起超过一个月没有与员工签订书面劳动合同，不论过错在谁，企业都应当支付相应期间的二倍工资。如果，企业超过一个月才通知解除劳动关系，还需在二倍工资之外支付解聘的经济补偿金。

工具4：《订立书面劳动合同通知书》

《订立书面劳动合同通知书》

________先生/女士：

你已于____年____月____日被我公司录用，请你在接到此通知后____天内到本单位____________部门，与单位签订书面劳动合同书。逾期不签订，单位将依照法律规定与你终止劳动关系。

拟签订的合同相关内容如下：

期限：______________________________

工作岗位：__________________________

工作地点：__________________________

劳动报酬：__________________________

单位盖章：

年　　月　　日

一式二份（用人单位和职工各留存一份）

三、特殊群体签订合同要谨慎

（一）未成年工

劳动关系中的未成年工[①]，是指年满16周岁，未满18周岁的自然人。

企业招用未成年工，除符合一般用工要求外，还须向所在地的县级以上劳动行政部门办理登记，由劳动行政部门核发《未成年工登记证》，未成年工持证方能上岗。

（二）在校实习生

在校实习生，是指在企业从事实践和学习的在校学生。实践中，大学生与企业之间存在的用工关系一般分为以下三种情况。

1.如果大学生利用寒暑假业余时间勤工助学或课外兼职，不以就业为目的，未与企业建立劳动关系，可以不签订劳动合同，而签订劳务合同。

2.如果大学生参加社会实践和到企业实习，HR可以与大学生签订“三方协议”[②]或者“实习协议”[③]；为了避免发生工伤的风险，可以为大学生投保商业意外险。

3.如果毕业生以就业为目的到企业实习，由于参加实习的时间接近毕业时间，大部分毕业生和该企业普通员工一样进行全日制工作，接受企业规章制度管理，由企业按时发给工资。在此期间，毕业生与企业之间建立了劳动关系，双方可以签订劳动合同。比如，北京地区的文件中特别指出，企业与在校学生之间名为实习，实为劳动关系的，应当认定为劳动关系，适用劳动合同法等相关法律的规定。

---

① 原劳动部颁发的《未成年工特殊保护规定》第二条第一款规定，未成年工是指年满16周岁，未满18周岁的劳动者。

② 三方协议：《高校毕业生就业协议书》，通常由教育部门、相关就业主管部门统一制表，由学校下发、毕业生签字、用人单位盖章，三方各执一份作为报到、转接户口、档案关系的依据。

③ 实习协议：实习生与实习单位签订的相关协议，但是由于目前学生实习没有法律的明确规定，因此实习只能界定为民事协议，不属于《劳动法》调整范畴。

（三）退役士兵

《退役士兵安置条例》规定，承担安排退役士兵工作任务的单位，在退役士兵安置工作主管部门开出介绍信一个月内安排退役士兵上岗。HR与退役士兵签订劳动合同的注意事项如下。

1.企业与退役士兵依法签订期限不少于三年的劳动合同或者聘用合同。

2.退役士兵服现役年限（军龄）计算为工龄，与所在单位工作年限累计计算，享受国家和所在单位规定的与工龄有关的相应待遇。

3.军龄十年以上的退役士兵，接收的企业应当与其签订无固定期限劳动合同。

4.签订劳动合同时，不得与退役士兵约定试用期。

5.任何部门、行业和单位不得出台针对退役士兵的歧视性措施，严禁以劳务派遣等形式代替接收安置。

（四）退休返聘人员

退休返聘人员，是指已享受养老保险待遇或已达到法定退休年龄后被再次聘用的员工。我国职工现行退休年龄是男员工的退休年龄为年满60周岁；女员工的退休年龄为工人年满50周岁，干部年满55周岁。

《劳动合同法》规定，员工依法享受基本养老保险待遇的，劳动合同终止。所以，企业和退休返聘人员不能签订“劳动合同”，应该签订“劳务协议”，可参考工具《退休返聘劳务协议》。对于退休返聘人员，协议中要明确约定聘用期内的工作内容、报酬、医疗、劳保待遇等权利和义务，企业无需再为其缴纳社保。

• 给HR的温馨提示：

1.不签劳动合同的二倍工资最多支持11个月，北京市二倍工资惩罚是不超过12个月。

2.二倍工资劳动争议申请仲裁的一般时效期间为一年，仲裁时效期间从当事人知道或者应当知道其权利被侵害之日起计算，具体执行时要参考本地区标准。

3. 劳动关系存续期间，因“拖欠劳动报酬”发生争议，员工申请仲裁不受一年的时效限制；但是，劳动关系终止的，应当自劳动关系终止之日起一年内提出仲裁申请。

第三节 丨 企业常见的四种用工方式

现在，越来越多的企业为了降低用工成本，不再单一地采用劳动合同用工的方式。常见的企业用工包括：劳动合同用工、劳务派遣用工、非全日制用工和灵活用工。

一、劳动合同用工

劳动合同用工，是最常见的企业用工模式。企业直接与员工建立劳动关系、签订劳动合同，企业根据员工提供的劳动向员工支付劳动报酬，依法为员工缴纳社会保险，并由企业直接管理员工。

图 2-2　劳动合同用工模式

二、劳务派遣用工

劳务派遣用工，就是员工与劳务派遣公司签订劳动合同，建立劳动关系后，由派遣公司将员工派遣至用工单位工作，由用工单位直接管理员工的一种用工模式。员工的劳动关系在劳务派遣公司，但却接受用工单位的日常用工管理。

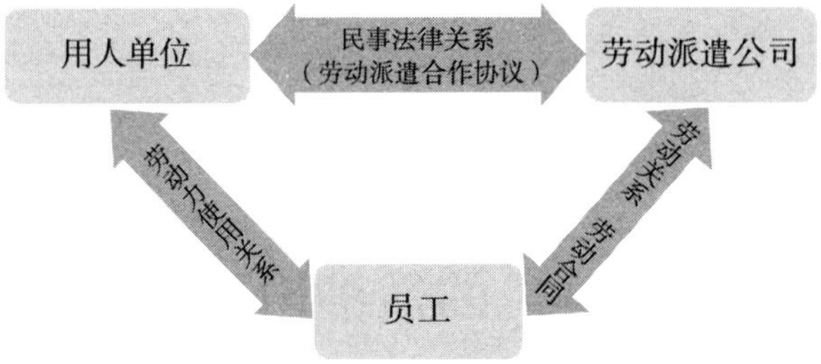

图2-3　劳务派遣用工模式

（一）劳务派遣用工特点

1.劳务派遣单位与劳动者建立劳动关系，但是不使用劳动者，即不直接管理和指挥劳动者从事劳动；

2.用工单位直接管理和指挥劳动者从事劳动，但是与劳动者之间没有建立劳动关系。

根据《劳务派遣暂行规定》第四条第一款规定，用工单位应当严格控制劳务派遣用工数量，使用的被派遣劳动者数量不得超过其用工总量的10%。

（二）劳务派遣的劳动合同

劳务派遣单位属于《劳动合同法》调整的用人单位，应当履行用人单位对劳动者的义务，合同中需载明以下事项。

1.用工单位以及派遣期限、工作岗位等情况；

2.劳务派遣单位应当与被派遣劳动者订立两年以上的固定期限劳动合同，按月支付劳动报酬；

3.被派遣劳动者在无工作期间，劳务派遣单位应当按照所在地人民政府规定的最低工资标准，向其按月支付报酬；

4.劳务派遣单位与同一劳动者只能约定一次试用期。

三、非全日制用工

非全日制用工是指以小时计酬，员工在同一企业平均日工作时间不超过4小时，每周工作时间累计不超过24小时的用工形式。员工可以同时为一个以上企业提供非全日制工作，最长15天要计发一次工资。

图2-4　非全日制用工模式

（一）非全日制用工的特点

非全日制用工更为便捷、灵活，在节约用工成本、灵活安排工作、易于解除劳动关系等方面存在优势。

1.非全日制用工适合简单重复性劳动、短时间或季节性人力需要、危险性较低、不需要长时间训练等的基础岗位，如保洁员、推销员、促销员等。

2.非全日制用工可以订立口头协议，但是最好还是使用书面协议的形式确定用工关系。

3.非全日制用工没有试用期，如果发现员工不能胜任工作，就可以直接解除劳动关系，无需支付经济补偿金。

（二）非全日制用工的工伤保险

按照现行法律规定，工伤保险是国家唯一强制用人单位为非全日制从业人员缴纳的险种。用人单位应当按照国家有关规定为建立劳动关系的非全日制劳动者缴纳工伤保险。在两个或者两个以上用人单位同时就业的，各用人单位应当分别为非全日制劳动者缴纳工伤保险。

四、灵活用工

灵活用工是指双方未签订劳动合同，劳动标准（劳动条件、工时、工资、保险福利待遇）、生产组织管理及劳动关系运作等达不到一般企业单位标准的用工和就业形式。灵活用工模式下，企业尽管不为雇佣人员缴纳“五险一金”，但建议为劳动者缴纳工伤保险，以防万一。

（一）灵活用工的类别

1.自营劳动者：自我雇佣者（自谋职业）和以个人身份从事职业活动的自由职业者等。

2.家庭帮工：帮助家庭成员从事生产经营活动的人员。

3.其他灵活就业人员：是指非全时工、季节工、劳务承包工、劳务派遣工、家庭小时工等。

通常来讲，灵活用工适合于高知技术、高流动、成本压力较大的企业，如：快递、直播、教育、销售、家政、保险、电商等有大量自由雇佣者的行业。又如，企业某个项目就只推广二个月到五个月的时间，项目结束后，双方的用工关系解除，就比较适合这种灵活简单的模式。

（二）灵活用工合法避税

灵活用工平台可为企业开具相应的劳务发票，让企业不必承担高额的社保费用、繁重的劳动关系成本，还能抵扣进项税金，列支所得税成本费用，企业用工的诸多问题迎刃而解。

1.外卖骑手

外卖骑手每日结算相关款项进行提现，当收到款项时需提供发票，可骑手往往又不能提供对应发票，如果按照劳务报酬预扣，骑手承担税负高。通过灵活用工的方式就可解决签订用工合同的问题。

2.物流行业司机

物流行业司机都是自带车辆挂靠在物流公司，本身并不从属于哪个物流公司。通过灵活用工的方式，帮助企业和个人降本增效，物流公司可以免去部分税费，节省支出成本，司机也不会因为个人税费而苦恼。

3.在线教育培训师

在线教育培训师按照课程和平台进行结算，平台发放佣金给培训师需要进项票进行入账，但是个人去税务部门开票，操作复杂、烦琐。灵活用工承包平台可以根据结算需求，帮助培训师按照劳务报酬进行申报。

毋庸置疑，2018年国家宣布将推动“社保入税”以来，采取灵活用工，以及非全日制用工、劳务派遣用工、业务外包等多种用工方式，是降低企业社保负担较为行之有效的方法。企业需要在尊重税法、依法纳税的前提下，不断地做出改革，合理避税、合规节税。

企业常见的四种用工方式的合同关系、适用条件和解除方式（如表2–2所示），HR需要牢牢掌握并灵活运用。

表2–2 企业常见的四种用工方式对比

模块	劳动合同用工	劳务派遣用工	非全日制用工	灵活用工
合同关系	劳动合同关系	劳务合同关系	书面或口头协议	承包合同关系
五险一金	缴纳五险一金	缴纳五险一金	缴纳工伤	缴纳工伤
多重劳动关系	不得建立	不得建立	可以建立	可以建立
工作时长	8小时工作制	8小时工作制	每天不超过4小时	每天不超过4小时
试用期	依劳动合同期限设定	依劳动合同期限设定	不得设定试用期	不得设定试用期
加班费	周末、节假日有加班费	周末、节假日有加班费	延长工作时间按标准小时工资算	延长工作时间按标准小时工资算
员工工资标准	正式员工	与正式工同工同酬	依照约定	灵活用工服务机构决定
费用结算周期	按月结算	按月结算	支付周期不超过15天	结算不超过15天
解除方式	按法定程序解除劳动关系；有经济补偿金	按法定程序解除劳动关系；有经济补偿金	可随时解除；没有经济补偿金	可随时解除；没有经济补偿金
适用法律	受《劳动法》和《劳动合同法》保护	受《劳动法》和《劳动合同法》保护	受《劳动法》和《劳动合同法》保护	由《民法典》和《合同法》予以约束

• 给HR的温馨提示：

1. 企业常见的有劳动合作用工、劳务派遣用工、非全日制用工和灵活用工四种用工方式。

2.劳务派遣员工与劳务派遣公司签订劳动合同，然后由派遣公司将员工派遣至用工单位工作，用工单位直接管理员工。

3.非全日制用工是平均每天工作不超过4小时、每周工作不超过24小时的一种用工模式。这种用工模式与劳动合同用工的区别，就在于工作时长。

4.灵活用工适合于高知技术、高流动、成本压力较大，有大量自由雇佣需求的企业。

第四节 | 劳动合同到期后的续签和续延

一、劳动合同到期的处理流程

企业与员工订立的劳动合同到期前决定不续签的，应当及时向对方提出终止。但在实操中，并不是所有的劳动合同到期就意味着劳动关系立即终止；若根据劳动合同上面载明的期限与员工直接终止劳动合同，极易让企业陷入违法终止的困境。

案例

李某于2018年9月6日入职A公司，签订了为期一年的劳动合同。劳动合同到期后，A公司不想再与李某续签劳动合同，拟定于2019年9月5日终止劳动合同，但是李某怀孕了。A公司HR口头跟李某说明劳动合同自动延期到2020年8月15日哺乳期结束（李某分娩日期是2019年8月16日），但是没有发书面的自动延期通知。2020年7月15日，A公司提前一个月通知李某说劳动合同不续签。

李某不同意，主张A公司是非法解除，因为A公司没有跟她续签劳动合同，所以要求：非法解除的二倍工资，以及解除劳动合同的经济补偿金。

案例解析

女职工在孕期、产期、哺乳期的，企业不得解除合同。A公司履行了法定义务，未与李某解除劳动合同。依据《劳动合同法》第四十五条规定，A公司应当续延（不是续签）原合同至李某哺乳期结束为止，故A公司与李某的劳动关系存续至2020年8月15日。

只有到了这个关键的时间节点，双方才能再决定是否续签合同，如果因为是A公司的原因而不续签合同的，应明确告知员工是劳动合同续延，不是续签，这样不会涉及二倍工资赔偿问题。所以A公司有责任按照法律规定，在2018年9月6日—2020年8月15日劳动关系存续期间，每满一年补偿其一个月工资，对李某在A公司的工龄支付2个月的经济补偿金。

劳动合同到期后的三种处理情形：终止劳动合同、续签劳动合同、续延劳动合同。

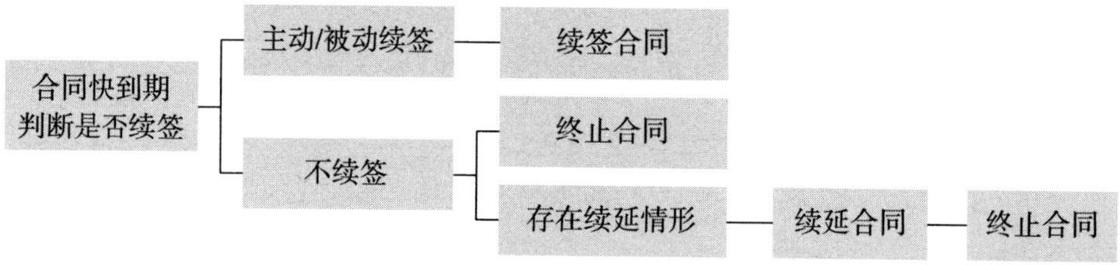

图2-5　劳动合同到期后的处理流程

二、劳动合同的续签

续签是劳动合同到期后，重新签新的合同，而且和之前劳动合同的时间连续。HR要先征求员工意见，如果员工不续签，企业要终止劳动合同补偿。

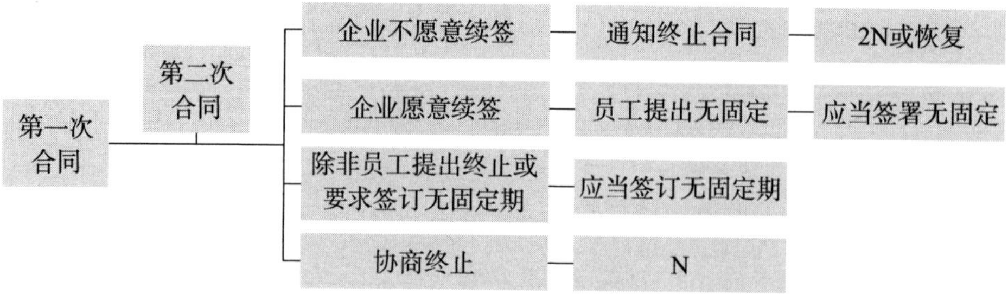

图2-6　劳动合同续签情形

第一次续签劳动合同，应在原劳动合同快要到期前，人力（HR）发“意向书”征求员工意见，并证明企业以何种条件和员工续签劳动合同。建议企业与员工签订《劳动合同续订意向书》，明确企业没有降低劳动合同中的条件。如果员工不签该意向书，企业就不需要支付经济补偿金。

第二次续签合同时，企业没有选择权，选择权在员工。如果员工要签无固定期限的劳动合同，企业就应该与员工签订无固定期限的劳动合同。如降低劳动条件签订，也要承担终止的经济补偿金的。如果企业不签，那就是违法终止，还要承担二倍工资。

工具5:《劳动合同续订意向书》

《劳动合同续订意向书》

________女士/先生:(身份证号:________________________):

您与公司订立的劳动合同(合同期限____年____月____日至____年____月____日)期限即将届满。

现公司同意不降低原劳动合同约定条件与您续订劳动合同，请您在收到此意向书之日起____日内将下述回执填写完毕后提交公司，逾期公司将视为您不同意与公司续订劳动合同，并依法与您终止劳动合同。

公司(盖章):

年　　月　　日

回执

本人已收到公司的《劳动合同续订意向书》，本人就是否与公司续订劳动合同的事宜作出如下决定:

□同意续订，劳动合同期限____________

□不同意续订

签字:

年　　月　　日

本意向书一式二份，员工一份，公司留存一份。

（一）无固定期限劳动合同的五种续订情况

1.双方协商一致订立无固定期限劳动合同；

2.连续工作满十年；

3.连续签了2次固定期限劳动合同（2008年1月1日起算）；

4.企业自用工之日起满一年不与劳动者订立书面劳动合同，视为无固定期限劳动合同；

5.初次实行劳动合同或国企改制重新签订，且连续工作满十年，距退休不足十年。

（二）无固定期限劳动合同的二倍工资

达到一定条件而不与员工签订无固定期限劳动合同，企业将支付二倍工资赔偿？

答案：未必。HR要注意区分是首签未签，还是续签未签。这是两种不同的结果：首次应订立劳动合同而未签合同但建立劳动关系超过一年的情况，视为无固定期限劳动合同，企业仅需要支付第2个月至第12个月的二倍工资；但是续签未签无固定期限合同的，企业需要支付应签订无固定期限合同而未签期间的二倍工资。

另外，签不签无固定期限劳动合同的权限在于员工。比如，江苏省规定签无固定期限劳动合同，要提前30天告知员工。各地区对于“是否提前30天告知”没有统一要求，建议HR查询自身所在地区的规定。

三、劳动合同的续延

劳动合同的续延指的是针对同一份劳动合同，否则就是续签。一般是遇到了特殊情况，企业不想续签劳动合同，但是不能终止劳动合同的情况下，可以将劳动合同续延。

（一）劳动合同续延的注意事项

如果企业在劳动合同到期时，未通知员工续延劳动合同，而是根据员工的具体情况又订立一次劳动合同，则属于二次订立劳动合同，且不存在《劳动合同法》第三十九条和第四十条第一项、第二项规定的情形，随后再签订合同时，则应签订无固定期限劳动合同。

劳动合同期满后续延是法定的情形，双方无须续签书面劳动合同，续延期间也不会被认为又订立一次劳动合同。HR向员工发出《劳动合同续延通知书》就可以了。

劳动合同续延至相应的情形消失时为止。HR最好不要明确具体时间，待劳动合同续延的情形消失，HR应及时终止劳动合同，否则存在赔付二倍工资的风险。

工具6:《劳动合同续延通知书》

《劳动合同续延通知书》

________女士/先生:（身份证号:____________________________）:

您与公司签订的劳动合同（合同期限____年____月____日至____年____月____日）期限即将届满。但您存在下列第____项情况:

（一）从事接触职业病危害作业的员工未进行离岗前职业健康检查，或者疑似职业病病人在诊断或者医学观察期间的;

（二）在本单位患职业病或者因工负伤并被确认丧失或者部分丧失劳动能力的;

（三）患病或者非因工负伤，在规定的医疗期内的;

（四）女职工在孕期、产期、哺乳期的;

（五）在本单位连续工作满15年，且距法定退休年龄不足5年的;

（六）法律、行政法规规定的其他情形。

根据《劳动合同法》第四十五条规定，公司决定与您续延劳动合同。劳动合同续延至相应的情形消失时终止。

公司（盖章）:

年　　月　　日

（二）劳动合同期满应当续延的八种情形

1.从事接触职业病危害作业的劳动者未进行离岗前职业健康检查，或者疑似职业病病人在诊断或者医学观察期间的。

2.在本单位患职业病或者因工负伤并被确认丧失或者部分丧失劳动能力的。

3.患病或者非因工负伤，在规定的医疗期内的。

4.女职工在孕期、产期、哺乳期的。

5.在本单位连续工作满15年，且距法定退休年龄不足5年的。

6.约定的服务期尚未到期的，劳动合同应当续延至服务期满（但双方另有约定的，从其约定）。

7.工会主席、副主席或者委员任职期间劳动合同期满的。任职期间有个人严重过失或者达到法定退休年龄的除外。

8.职工协商代表在任期内，劳动合同期满的，企业原则上应当与其续延劳动合同至任期届满。职工代表的任期与当期集体合同的期限相同。

一般而言，由于上述情形属于法定的续延，无需支付二倍工资差额。

表2-3　劳动合同续订和续延的区别

劳动合同	共同点	区别			
		劳动关系延长原因	劳动合同	劳动合同条款	二倍工资
续订	劳动关系延长	约定	两个劳动合同	变化	有
续延		法定（约定）	一个劳动合同	无变化	无

特别注意的是，劳动合同到期未续订劳动合同，北京有一些特殊规定，如员工仍在原岗位工作的有一个月宽限期，而北京没有一个月宽限期，劳动合到期次日要签订，没有签就要支付二倍工资；对于其他地区未签订合同的11个月双倍工资，北京最多支持赔付12个月双倍工资；北京地区劳动合同的续延需要提前30日通知员工，其他地区不需要。

• 给HR的温馨提示：

1.劳动合同到期后的三种处理情形：劳动合同终止、劳动合同续签、劳动合同续延。

2.续签是劳动合同到期后，重新签订新的劳动合同，而且和之前的劳动合同时间上是连贯的。

3.劳动合同续延还是同一份劳动合同，一般是遇到了特殊情况，企业不想续签劳动合同，但是还不能终止劳动合同的情况下，可以将劳动合同续延。

HR QUANLIUCHENG
FAWU SHICAO SHOUCE

第三章 员工试用期风险

第一节　合法约定试用期

第二节　试用期常见的七大风险

第三节　员工培训要约束

第四节　保密协议和竞业限制协议

第一节 | 合法约定试用期

有些企业认为，只要按时支付员工工资，劳动合同签不签都无所谓；有的企业试用期内不签合同，等试用期结束后再决定是否要签订合同；有的企业与员工签一年期限的劳动合同，其中半年为试用期；有的员工在同一企业，换一个岗位就约定一次试用期……这些都属于试用期的误区。

一、合法约定试用期期限

试用期是企业对员工的观察期和考核期，其目的就是通过观察考核，确定员工的去留。试用期员工与正式员工在本质上并无区别，都是与企业建立了劳动关系的劳动者。

根据《劳动合同法》第十九条[①]的规定，应如何理解“……劳动合同期限一年以上不满三年的，试用期不得超过二个月……”中的“以上”和“不满”？

劳动合同期限为一年的，试用期到底能不能约定二个月，还是非要劳动合同期限为一年零一天，试用期才能约定至二个月？民法中所称的“以上、以下、以内、届满”包括本数；所称“不满、以外”，不包括本数。因此，劳动合同期限为一年的，试用期可以约定为二个月，没必要约定为一年零一天。

① 《劳动合同法》第十九条规定，劳动合同期限三个月以上不满一年的，试用期不得超过一个月；劳动合同期限一年以上不满三年的，试用期不得超过二个月；三年以上固定期限和无固定期限的劳动合同试用期不得超过六个月。同一用人单位与同一劳动者只能约定一次试用期。以完成一定工作任务为期限的劳动合同或者劳动合同期限不满三个月的，不得约定试用期。试用期包含在劳动合同期限内。劳动合同仅约定试用期的，试用期不成立，该期限为劳动合同期限。

表3-1 劳动合同期限和试用期期限

劳动合同期限（N）	3个月≤N＜1年	1年≤N＜3年	N≥3年
试用期期限	最多不超过1个月	最多不超过2个月	最多不超过6个月

对企业来说，在合理时间内要判断员工是否能胜任，建议普通员工试用期不超过1个月；技术人员试用期不超过2个月；管理人员采用4—6个月试用期。

二、“一次试用”的理解与运用

在劳动合同重新订立，员工的工作岗位发生变化时，企业能否重新考察员工，再设定一个试用期呢？“同一用人单位与同一劳动者只能约定一次试用期”，这意味着不能再次约定试用期，可以从三个层次进行理解。

第一个层次，同一个员工在同一企业连续工作，劳动合同到期后续签的，企业与员工不能再约定试用期。即使是工作岗位发生了变更，续签的劳动合同也是原有劳动合同的延续，即使续签劳动合同时员工的工作岗位发生变更，也不可以再次约定试用期。

第二个层次，同一个员工因种种原因从企业离职后，再次入职该企业工作时，无论该员工离开的时间多久，企业也不得再次与该员工约定试用期。这是实务工作中最容易违反相关规定的地方，也是最不容易被理解和接受的地方。

第三个层次，员工因非本人原因被安排到其他关联企业工作，并与关联企业签订劳动合同。实际上，该关联企业对员工的工作能力、业务能力已经有了一定的认识，不存在需要再次考察的必要，也不应再约定试用期。

总之，“一次试用”是指无论员工是改变工作岗位或工种，还是离职后再入职，企业都不能再与员工约定试用期。

三、不得约定试用期的三种情形

企业不得约定试用期包括以下三种情形。

1.双方签订的是以完成一定工作任务为期限的劳动合同；

2.劳动合同期限不满三个月的；

3.非全日制用工双方当事人。

这三类合同有个共同点，就是劳动合同约定的工作时间比较短。如果在这种短时间的劳动合同上再约定试用期，显然有失公平，所以法律对其进行了特殊的规定。

• 给HR的温馨提示：

1.劳动合同期限三个月以上不满一年的，试用期不得超过一个月；劳动合同期限一年以上不满三年的，试用期不得超过二个月；三年以上固定期限和无固定期限的劳动合同，试用期不得超过六个月。

2.同一用人单位与同一劳动者只能约定一次试用期。

3.以工作任务为期限的劳动合同、劳动合同期限不满三个月的、非全日制用工，这三种劳动关系不得约定试用期。

第二节 | 试用期常见的七大风险

不少企业对于试用期的法律规定存在误解，但实际上，试用期内不签订劳动合同、单独约定试用期、试用期内不支付工资、随意延长试用期等行为都是违反法律规定的。企业应规避以下试用期七大风险，避免引发劳动纠纷，造成经济损失。

一、试用期不签订劳动合同的风险

有些企业口头约定试用期，这种做法不具有法律效力。双方口头约定的试用期无效，视为双方未约定试用期。

有些企业为了逃避法律责任，在试用期内，不与劳动者签订劳动合同。一旦试用期满，就找种种借口将劳动者辞退。实际上，劳动关系的认定不仅以“劳动合同”为依据，同时以“事实劳动关系”为依据，参照原劳动和社会保障部印发的《关于确立劳动关系有关事项的通知》（劳社部发〔2005〕12号）第一条的规定[①]。

风险一：支付二倍工资赔偿

企业自用工之日起超过一个月不满一年未与劳动者订立书面劳动合同的，

---

① 《关于确立劳动关系有关事项的通知》（劳社部发〔2005〕12号）第一条规定，用人单位招用劳动者未订立书面劳动合同，但同时具备下列情形的，劳动关系成立。（一）用人单位和劳动者符合法律、法规规定的主体资格；（二）用人单位依法制定的各项劳动规章制度适用于劳动者，劳动者受用人单位的劳动管理，从事用人单位安排的有报酬的劳动；（三）劳动者提供的劳动是用人单位业务的组成部分。

应当向员工每月支付二倍的工资。

风险二：试用期约定无效

员工在试用期内仅需提前三天通知企业，即可与企业解除劳动合同。企业如果可以证明员工不符合录用条件的，也可以随时解除劳动合同，且无需支付补偿金，这种证明难度相对较低，故务必保证试用期的约定有效。如果未签订劳动合同，试用期的约定可能无效，解除劳动关系的风险较大。

风险三：劳动者可随时解除劳动合同

法律规定，用人单位与劳动者建立劳动关系，“应当”订立书面合同。此处法条使用的是“应当”，而非“可以”。如果企业未签订劳动合同，违反了法律的强制性规定，员工有权随时解除劳动关系，并要求企业支付经济补偿金。

二、单独约定试用期的风险

有些企业在与员工签订劳动合同时，将劳动合同分为两个部分：《试用协议》和《劳动合同》，将试用期从劳动合同中剥离出来。

实际上，法律规定，试用期只能在正式合同中约定，试用期是劳动合同中约定的劳动期限的组成部分。试用期是包含在劳动合同期限内的，如果没有订立正式合同，就不存在单独的“试用合同”。

如果企业只签订单独的《试用协议》，约定的试用期限为劳动合同期限，这么做就等于白白浪费了一次固定期限劳动合同。而连续两次订立固定期限劳动合同，就需与员工订立无固定期限劳动合同，所以，企业不要单独签订《试用协议》这类文件。

三、试用期工资约定的风险

有的企业企图通过“无薪试岗”来回避试用期用工成本；还有的企业与劳

动者签订短期无薪上岗协议等。而实际上试用期员工是与企业建立了事实劳动关系的，只要员工在工作时间提供了劳动，企业就必须支付劳动报酬。

根据《劳动合同法》第二十条的规定[①]，试用期工资要求如下：

1.员工在试用期的工资不得低于本企业相同岗位最低档工资；

2.劳动合同约定工资的80%；

3.不得低于用人单位所在地的最低工资标准。

另外，企业试用期工资标准最好写入企业的薪酬管理体系中，并进行公示。

四、顺延试用期的风险

如果员工在试用期请病假、事假时间较长，企业可以顺延试用期吗？

为了构建和谐劳动关系、保护劳资双方权利的需要，企业确实需要顺延试用期的，需要满足以下五个条件。

1.顺延试用期需要双方协商一致

《劳动合同法》第三十五条第一款规定，用人单位与劳动者协商一致，可以变更劳动合同约定的内容。变更劳动合同，应当采用书面形式。如果企业与员工在劳动合同或其他协议中，未就试用期顺延做出约定的，即使员工在试用期内请假，企业也不得单方顺延试用期。

2.顺延的时间应当和请假的时间相一致

比如，员工请15天病假的，顺延的时间不得超过15天。

3.顺延时间与试用期的时间要前后相连

试用期结束后，过了一段时间，企业再提出顺延试用期的，这种做法不

---

① 《劳动合同法》第二十条规定，劳动者在试用期的工资不得低于本单位相同岗位最低档工资或者劳动合同约定工资的百分之八十，并不得低于用人单位所在地的最低工资标准。

符合相关规定。

4.企业不得滥用试用期顺延

由于员工请假的原因导致企业不能行使观察权和考核权的，企业可以约定顺延试用期；由于企业自身放假、停产的原因导致试用期缩短的，企业不得约定顺延试用期。

5.顺延试用期应当采用书面形式

企业与员工无论是新订立劳动合同，还是变更劳动合同，都应当采用书面形式。劳动合同的变更协议由企业和员工各执一份，作为劳动合同附件保存，与劳动合同具有同等法律效力。

五、试用期不缴纳社会保险的风险

实践中，企业不为试用期员工缴纳社会保险或少缴纳社会保险的较多。

试想一下，在试用期期间员工发生了工伤，没有缴纳社保的话，那么巨大的治疗费用就需要由企业来负担，同时员工的权益也受到一定损害，这是非常不划算的。

案例

A公司与李某签订了三年期劳动合同，试用期六个月，公司人事主管与李某口头约定：试用期内不交社会保险，等到试用期过后再补缴，李某表示同意。在李某工作五个月后，A公司以李某在试用期内不能胜任工作为由，提出单方解除劳动合同。李某提出要求A公司补缴试用期内的社保费用。

案例解析

劳动合同一经签订，A公司就应当给李某缴纳社会保险。A公司提出试用期内不交社会保险，试用期过后再补缴的做法是违法的。根据《社会保险法》第五十八条规定[①]，企业必须自用工之日起三十日内，为员工申请办理社会保险登记。缴纳社会保险费是企业和员工的法定义务，不应该因双方私下约定而改变。

有些企业与员工签订劳动合同时，要求员工出具一份书面承诺，承诺书中写明“员工自愿放弃试用期社会保险费”，这种做法是违法的。企业和员工必须依法参加社会保险，缴纳社会保险相关费用。

六、试用期企业出资培训的风险

为劳动者提供一般的“岗前培训”并不能成为约定服务期的前提条件，为劳动者提供“专项技术培训”才是约定服务期的前提条件。在试用期内，企业不得要求员工支付该项培训费用。也就是说，如果企业出资培训的员工在试用期内解约，企业无权要求员工支付违约金或赔偿培训费用。

在试用期内安排员工培训，需要注意以下事项。

1.尽量不要安排试用期员工接受出资培训

企业对试用期员工各方面状况还不了解，甚至其本人是否有意留下也不好判断，所以，试用期员工最好安排内部培训。

2.确实需要予以出资培训的员工要尽量提前转正

如果企业确实需要对试用期员工进行专业技术出资培训，则建议通过协商的方式缩短试用期，提前转正后，再予以培训。

3.通过民事货币债权的方式变通处理培训费

如果某些专业技术培训不仅是企业发展的需要，也是试用期员工自身能力提高的迫切要求的话，企业可以通过民事借款的方式将培训费款项借与员工，

---

① 《社会保险法》第五十八条规定，用人单位应当自用工之日起三十日内为其职工向社会保险经办机构申请办理社会保险登记。未办理社会保险登记的，由社会保险经办机构核定其应当缴纳的社会保险费。

由员工自行参加培训。同时，双方约定满一定服务年限后，企业放弃该债权，这样也能间接地达到保证服务期的目的。

七、试用期辞退员工的风险

根据《劳动合同法》第三十九条规定[①]，解除试用期员工的前提是“在试用期间被证明不符合录用条件的”，既然要“被证明”，就需要有一定的证据，不能仅凭主观判断员工不符合录用条件。

实践中，绝大多数的用人单位在招聘员工时，只是规定了招聘条件，并没有制定清晰的录用条件。录用条件是指用人单位制定的、要求劳动者符合某个工作岗位的具体要求所包括的全部条件，也是用人单位最终确定正式聘用劳动者的唯一条件。

为了避免试用期争议和风险，不管其他录用条件如何约定，HR很有必要在劳动合同中增加约定：**“如员工在试用期内不胜任工作的，视同不符合录用条件，企业有权根据《劳动合同法》第三十九条第一项的规定解除劳动合同。”**

（一）试用期明确录用条件和考核标准

企业与员工约定了试用期的同时，一定要对试用期录用条件和考核标准进行约定。录用条件和考核标准一定要合法、明确、具体、可操作，有详细的考核内容和流程，在考核过程中应及时让员工对考核的结果签字确认，明确约定达到什么标准才可以被录用。

1.试用期录用条件

建议HR与试用期员工说明录用条件，并出具《试用期录用条件说明书》让员工签字确认，在出现试用期需解除劳动合同的情形时，提供相关证明。

① 《劳动合同法》第三十九条第一项对于在试用期的员工，如果在试用期间被证明不符合录用条件的，用人单位可以解除劳动合同。

工具7:《试用期录用条件说明书》

《试用期录用条件说明书》

当有下列情形之一时，为不符合该岗位的录用条件，请仔细阅读并签字确认。

（1）向公司提供的材料和信息内容有虚假或有隐瞒的；

（2）在试用期满之前，无法按照甲方规定办理入职手续或备齐相关文件的；

（3）患有精神病或按国家法律法规应禁止工作的传染病的，或者身体健康条件不符合工作岗位要求的，或者填写虚假体检信息的；

（4）与原用人单位未依法解除、终止劳动合同或劳动关系的；

（5）与原用人单位存在竞业限制约定且在限制范围之内的；

（6）不能按质按量完成工作任务或经试用期考核成绩不合格的；

（7）不能胜任本职工作又拒绝接受重新安排工作的；

（8）试用期内连续请假超过________天或迟到超过______次，或者有旷工现象的；

（9）通缉在案或者被取保候审、监视居住的；

（10）隐瞒曾经受过法律处罚或者纪律处分的事实的；

（11）曾经被相关企业开除或未经批准擅自离职的；

（12）未经甲方书面许可且不按本合同约定时间到岗的；

（13）存在违反《劳动合同》其他约定情形的；

（14）拖欠其他企业公款经催告，恶意不进行清偿的；

（15）存在严重违反公司规章制度规定情形的。

特此说明。

（甲方盖章）

____年____月____日

《试用期录用条件确认函》

本人已经收到并详细阅读________公司出具的《试用期录用条件说明书》，并完全知悉和理解该说明书的内容及其法律含义。

特此确认。

确认人（乙方）：

日期：____年____月____日

2. 试用期考核标准

试用期的员工考核，不能仅以上级主管的个人喜好为标准进行考核评估，而是需要制定一套科学的评估制度，有明确的考核标准、考核办法以及客观的考核记录，并且将相关考核资料向员工公示，再将考核标准和方法与录用条件、岗位职责相结合。

试用期考核最好以实际发生月度为周期，表现优秀者可经申请提前转正，但试用期最短不得少于1个月。

（二）员工不符合录用条件的举证

试用期员工因不符合录用条件而需解除劳动合同的，企业必须提供客观公正的考核标准，对不符合录用条件的具体事项进行举证。

如果企业没有提供合法有效的证据，来证明员工试用期经考核不符合录用条件的话，解雇员工将被认定为违法辞退。企业设置有工会的，在解除劳动合同前还应当经过工会程序，说明解雇的理由。

（三）考核期要尽量提前

企业必须在试用期内对员工进行录用标准考核，并在试用期结束前，作出留用或解除的决定，并送达员工。

若试用期满后未及时办理员工转正手续，也不能认为员工还处在试用期，企业更不能以不符合录用条件为由解除劳动合同。

（四）解除决定必须在试用期内送达

HR一定要注意，企业一定要“书面通知”员工解除劳动合同。如果员工不认可解除决定已书面送达，劳动关系一直存在。试用期结束后，企业只能以不胜任工作为由解除劳动合同，此时若再以不符合录用条件为由解除，就构成违法解除劳动关系，要支付双倍工资的赔偿金。

表3-2　不符合录用条件与不能胜任工作的区别

区别	不符合录用条件	不能胜任工作
解除条件	1. 企业有相应的录用条件 2. 可以证明员工不符合录用条件	1. 员工不胜任工作 2. 经过培训或者调岗后，员工仍然不能胜任工作
需要提前通知	不需要	应当提前30日以书面形式通知或者额外支付1个月工资作为代通知金
解除时间	试用期内	劳动合同期内
需要支付赔偿金	不需要	需要

• 给HR的温馨提示：

1. 在签订劳动合同时，可以约定试用期。劳动合同仅约定试用期的，视为双方没有约定试用期。

2. 员工在试用期的工资不得低于本企业同岗位最低档工资或者劳动合同约定工资的80%，不得低于用人单位所在地的最低工资标准。

3. 如果企业出资培训的员工在试用期内解约，企业无权要求员工支付违约金或赔偿培训费用。

4. 企业必须在试用期内对员工进行录用标准考核，并在试用期结束前，作出留用或解除的决定并送达员工。若超过试用期间，则企业不能以不符合录用条件为由解除劳动合同。

第三节 ❙ 员工培训要约束

有的企业对员工岗前培训的认识还是存在较大偏差，不少企业认为培训期间员工没有提供正式劳动，可以不发工资，不建立劳动关系，这种操作无疑存在很大的法律风险。

一、入职培训的工资

企业为了自身经营发展而开展入职培训，员工虽然没有实际劳动产出，但付出了体力、精力和时间去履行应尽的义务。企业作为受益方，应当按照约定支付工资报酬。

案例

A公司一个多月前招了一批新员工，口头约定工资4000元/月。为了让新人更好地了解公司业务、适应工作环境，A公司对这批新人统一进行培训。同时规定，培训期间不签劳动合同，也不发工资，只根据出勤每天支付50元作为交通及午餐的培训补贴。培训结束后，根据考核成绩再签订劳动合同。大部分人当场没有表示异议，但是其中一个员工培训了20多天领取了1000多元的补贴金后，突然不来了，过了不久A公司就收到了劳动仲裁的开庭通知，要求其支付拖欠员工的工资和解除劳动关系的补偿金。

案例解析

本案的争议焦点有两个：一、岗前培训期间，员工和A公司是否构成劳动关系？首先，本案例中，双方虽然未订立劳动合同，但是A公司和劳动者符合法律规定的劳动合同主体资格。其次，员工按照A公司的安排参加培训，遵守培训纪律和培训时间，获得50元/天的补贴报酬。最后，岗前培训是为了员工入职后尽快适应工作，和工作业务相关，属于业务的组成部分。综合上述三点，完全可以认定员工和A公司存在事实劳动关系。

二、培训期是否应当支付正常工资报酬？在本案例中，A企业在培训期间对新员工每天支付50元的交通及午餐补贴，由于只是口头约定了工资，并没有任何书面的依据。同时，考虑到培训和直接经营活动在工作责任、劳动强度等方面存在较大差异。可以考虑按比例折合支付给劳动者一定的工资。

企业可以在规章制度中规定：**“试用期员工入职培训期间无故缺勤的，属于严重违反公司规章制度的行为或者不符合录用条件的行为，公司可以此为由解除劳动关系，并不予支付解除劳动关系的经济补偿金。”**这样，企业可以避免因劳动关系存续，而被员工要求支付在岗培训期间的经济补偿金。

二、专项培训约定服务期

大部分企业都十分重视对员工专业技能的提升，花费重金聘请培训机构、培训师为员工提供专项培训，提升员工的技能水平。

（一）出资培训才签服务期协议

参加企业内部举办的入职培训、岗前培训、轮调岗培训等，企业不能以此为由与员工约定服务期。

参加企业直接出资的技术或职业技能专业培训，并有支付费用相关凭证的，才能跟员工签订服务期协议，参考工具《员工专项培训协议》。

（二）慎重选择培训对象

企业不要安排试用期员工接受出资培训，尽量选择服务年限长、较为稳定的核心岗位员工或高级岗位人才接受出资培训，并在对其培训前进行忠诚度和离职倾向综合评估。

（三）服务期的约定技巧

培训服务期协议的内容包含：培训时间、培训地点、培训内容、培训费用、培训期间的义务、服务期、违约责任等。其中，培训费和服务期是要特别注意的内容。

1.培训费不包括工资

培训费包括直接培训费用、差旅费、额外的培训补贴等。员工培训期间的工资不能算作培训费，因为不是因该培训而产生的直接费用。

2.服务期要合理约定

《劳动合同法》第二十二条[①]中未对服务期的具体时间作出规定。没有规定，并不意味着单位可以滥用权利，随意约定服务期。

例如：企业为员工出资参加了60000元的专业技术培训，但约定员工需为企业服务20年，这种约定是显失公平的，可能会被认定无效。

建议HR约定：**"如与劳动合同期限及以后签订的培训服务期限有冲突，劳动合同期限续延至培训服务期协议约定的服务期终止。"**以解决服务期超过劳动合同期限的合同延续问题。

（四）培训违约金的计算

法律规定培训违约金不能超过培训费总和。

若员工违反劳动合同、提前解除劳动合同或培训后在公司的服务年限不满

---

① 《劳动合同法》第二十二条规定，用人单位为劳动者提供专项培训费用，对其进行专业技术培训的，可以与该劳动者订立协议，约定服务期。劳动者违反服务期约定的，应当按照约定向用人单位支付违约金。违约金的数额不得超过用人单位提供的培训费用。用人单位要求劳动者支付的违约金不得超过服务期尚未履行部分所应分摊的培训费用。用人单位与劳动者约定服务期的，不影响按照正常的工资调整机制提高劳动者在服务期期间的劳动报酬。

服务期约定的，需向公司支付违约金（小于等于培训费总和），违约金可按约定的服务期以及实际已服务年限逐年递减支付。

违约金=（培训费总和/约定的服务期）×未履行的服务期，实际核算中以“月”为最小单位。

假设：培训费总和为60000元，约定的服务期为36个月，未履行的服务期为9个月。那么，该员工需要支付的违约金=60000/36×9=15000元。

（五）培训凭证和材料的保存

HR要保存好培训计划、与培训机构签订的培训合同、培训期间签到表、员工培训总结、培训考核结果评估成绩、员工签名的培训服务期协议、培训发票和差旅费报销单据等培训相关凭证和材料。

• 给HR的温馨提示：

1.员工上岗前的培训期间，也处于劳动关系生效期间。企业也应当按照约定支付工资，支付的工资不低于当地最低工资标准。

2.只有支持员工参加与本职工作相关的专业技术方面的培训，企业才可与员工约定服务期。

第四节 丨 保密协议和竞业限制协议

商业秘密关乎企业的竞争力，甚至影响企业的生存。根据《反不正当竞争法》第九条第四款规定，商业秘密是指不为公众所知悉、具有商业价值并经权利人采取相应保密措施的技术信息、经营信息等商业信息。

企业商业秘密的保护手段很多，最常见的做法是与员工签订保密协议和竞业限制协议。

一、保密协议

保密协议是指用人单位针对知悉本单位商业秘密的员工，签订的要求员工保守该商业秘密的协议。

保密协议一般包括保密内容、责任主体、保密期限、保密义务及违约责任等条款。保密协议可以分为单方保密协议和双方保密协议。单方保密协议是指一方对另一方单方面负有保密义务的协议。

（一）签订保密协议的条件

1.保密协议保守的是用人单位的商业秘密，因此当劳动者接触、知悉、掌握用人单位的商业秘密时，用人单位就应该与劳动者签订保密协议，此处特指的是掌握商业秘密的员工，而不是普通员工或职工，更不能是全体员工。当然，企业还应当根据自身的性质和情况分析确定企业中的哪些人员掌握了商业秘密。对于某些不在保密岗位或技术岗位的普通员工，在工作中有意或无意获知公司的商业秘密时，也应该将其列入保密主体的范围。

2.当工作内容涉及了技术信息、经营管理信息和特殊约定的其他秘密，包括设计、程序、产品、配方、制作工艺、制作方法、管理诀窍、客户名单、货源情报、产销策略、招投标中的标底及标书内容等信息时，用人单位应该与劳动者签订保密协议，可参考工具《保密协议》。

（二）保密协议的内容

1.受约束的保密义务人在未经许可的情况下，不可将商业秘密透露给任何第三方或用于签订合同目的以外的用途。

2.受约束的保密义务人不可将含有保密信息的资料、文件、实物等携带出保密区域。

3.保密义务人不可在对外接受访问或者与任何第三方交流时涉及合同约定的商业秘密内容。

4.保密信息及材料应当在合同终止后交还。

5.保密期限。法律对保密协议的保密期限没有规定，即保密的期限可以是长期的，直至其进入公知领域。因此只要其不被公开就可以永远保持其秘密性，企业可以在保密协议中约定不仅在劳动合同存续期间，而且在劳动合同变更、解除、终止后直至该商业秘密公开为止，员工都不得披露、使用或许可他人使用企业的该商业秘密。

二、竞业限制协议

竞业限制协议是指用人单位与劳动者约定在解除或者终止劳动合同后一定期限内，劳动者不得到与本单位生产或者经营同类产品、从事同类业务的、有竞争关系的其他用人单位任职，或者自己开业生产或者经营同类产品、服务的书面协议。

1.限制的范围

包括今后一定时间内不得从事的行业、业务及具体禁止服务的企业名单。

2.限制人群

竞业限制协议并非适用于所有员工。根据《劳动合同法》第二十四条第一款规定，竞业限制的人员限于用人单位的高级管理人员、高级技术人员和其他负有保密义务的人员。

3.限制期限

从员工离职日算起，企业和员工可以协商具体时间长短，最多不超过两年。

4.限制地域

不同企业会对限制的地域提出要求，一些大型企业甚至涉及全球范围，也有企业会将限制地域具体到某个地域或城市。

5.经济补偿

竞业限制不是一项纯粹的员工义务，公司如果想要员工履行该协议，就应当支付相应的经济补偿。

竞业限制条款在劳动合同中为延迟生效条款，也就是劳动合同其他条款的法律约束力终结后，该条款才开始生效，可参考工具《竞业限制协议》。

表3-3 保密协议和竞业限制协议的区别

内容	保密协议	竞业限制协议
依据	合同法、劳动法、反不正当竞争法、相关知识产权法律	合同法、劳动法、劳动合同法
性质	保密义务一般是法律的直接规定或劳动合同的附随义务，不管用人单位与劳动者是否签订保密协议，劳动者均有义务保守商业秘密	基于用人单位与劳动者的约定产生，没有约定的，无须承担竞业限制义务。属于劳动合同的派生义务，主要目的是保持企业竞争能力，减少因重要员工离职去竞争对手企业任职或者自立门户从事竞争性业务而形成的恶性竞争
作用	采取保密措施的最主要手段，是企业证明采取保密措施的重要证据	无论是否泄密，只要到同行且有竞争关系的企业任职或者自立门户从事竞争性业务，都是禁止的

续表

内容	保密协议	竞业限制协议
前提	企业存在符合法律规定的商业秘密，符合秘密性的要求，并且员工知悉或可能知悉该商业秘密	除了企业商业秘密，还包括企业其他的核心信息
适用对象	范围广，包括知悉或者可能知悉商业秘密的员工	范围窄，掌握核心机密的重要员工，包括高级管理人员、研究开发人员、市场营销人员、关键技术工人等
员工义务	不得向不应该知悉的任何第三人泄露商业秘密，侧重不能“说”	劳动者不能到竞争单位任职或自营竞争业务、不得同业兼职、不得同业任职、不得同业创业、不得从事破坏任何企业竞争能力的行为，侧重不能“做”
企业义务	制定保密规章制度，确定保密内容范围，采取保密措施	支付补偿费用
权利义务关系	员工应当履行保密义务，不得泄露、侵犯商业秘密，否则承担相应的民事责任，甚至刑事责任	权利义务对等，企业支付员工补偿费，员工履行竞业限制义务
协议形式	书面协议，口头声明	书面协议
期限	保密义务一般期限较长，只要商业秘密存在，保密义务就存在	不超过两年

• 给HR的温馨提示：

1.保密协议一般包括保密内容、责任主体、保密期限、保密义务及违约责任等条款。

2.竞业限制协议是用人单位同负有保守用人单位商业秘密的劳动者，在劳动合同、知识产权权利归属协议或技术保密协议中约定的竞业限制条款。

在职篇

第四章 规章制度设计的风险

第一节 | 规章制度生效的流程

国有国法，家有家规。规章制度是企业内部的“法规”，是企业管理、解除合同等的重要依据。所以，涉及员工切身利益的企业规章制度，要按照《劳动合同法》第四条的规定①制定实施。

一、规章制度生效的三大要件

企业规章制度生效的三大要件：主体要件、实体要件和程序要件。规章制度的制定要有明确的主体；规章制度的内容要合法、合理；规章制度的生效要经过民主程序和公示告知程序。

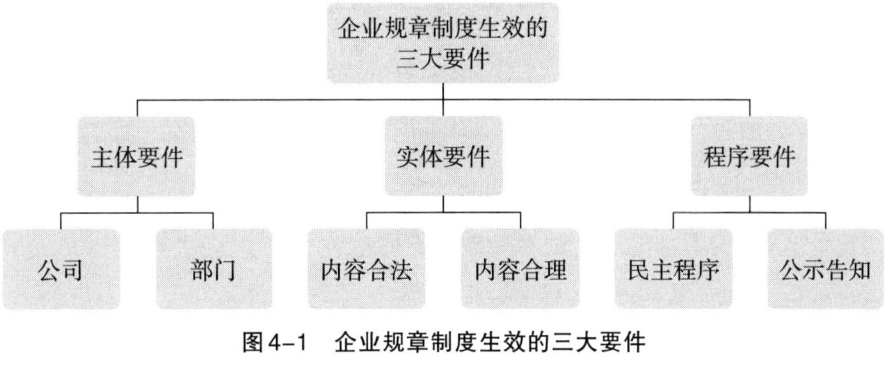

图4-1　企业规章制度生效的三大要件

① 《劳动合同法》第四条规定，用人单位应当依法建立和完善劳动规章制度，保障劳动者享有劳动权利、履行劳动义务。用人单位在制定、修改或者决定有关劳动报酬、工作时间、休息休假、劳动安全卫生、保险福利、职工培训、劳动纪律以及劳动定额管理等直接涉及劳动者切身利益的规章制度或者重大事项时，应当经职工代表大会或者全体职工讨论，提出方案和意见，与工会或者职工代表平等协商确定。在规章制度和重大事项决定实施过程中，工会或者职工认为不适当的，有权向用人单位提出，通过协商予以修改完善。用人单位应当将直接涉及劳动者切身利益的规章制度和重大事项决定公示，或者告知劳动者。

（一）主体要件

企业规章制度的制定主体，应当是公司和各部门（综合部、生产部、销售部、财务部、人力资源部、后勤部等）根据企业的实际情况，制定相关管理制度，最终统一以企业名义发布实施。

（二）实体要件

企业规章制度内容合法是企业规章制度生效的前提条件；内容合理，是企业规章制度生效的必要条件。

1.规章制度内容合法

企业规章制度必须严格遵守国家法律、法规规定，包括法律、行政法规和地方性法规等。企业规章制度的制定应从保护员工利益出发，拟定的各项条款应体现劳动关系双方权利义务一致。

法律赋予了企业制定劳动规章制度的权利和义务。企业应根据生产经营的需要，从自身实际出发，建立、完善自身的规章制度。

2.规章制度内容合理

企业规章制度内容除合法以外，还应当合理。规章制度应结合企业的经营方式、生产方式、人事管理现状、岗位职责等具体情况综合分析制定。通常来说，应把符合社会的一般认知和大多数员工的认同作为其合理性标准。

在实务中，规章制度不公平、不合理的“霸王条款”很多，超过了一般社会人对事物可接受的“度”。

比如，“员工上班时间上洗手间每天不得超过3次，每次不得超过5分钟”，这样的规定明显损害了员工的基本权利，属于不合理的范畴。

又如，“员工过错造成企业经济损失1000元以上，属于严重违纪”，员工过失导致1000元以上的损失就构成严重违纪，这样的规定会因为太严苛而无效。

再如，“迟到一次扣50元，每月迟到3次扣一天工资”“迟到或早退30分钟以上者视为半天旷工，3个小时以上者视为一天旷工”“员工自愿承诺放弃社保，且不为员工缴纳社保”等此类只强调企业权利，而免除企业义务的不公平条款等。

类似这样的规章制度，即便员工同意并认可，由于规章制度本身不合理，也会被认定为无效。

（三）程序要件

程序合法是企业制定规章制度必须履行的法定程序，主要包括：民主程序（征询意见、平等协商）和公示告知程序，如图4-2所示。未经过民主程序和公示告知程序的规章制度，可能被认定为无效。

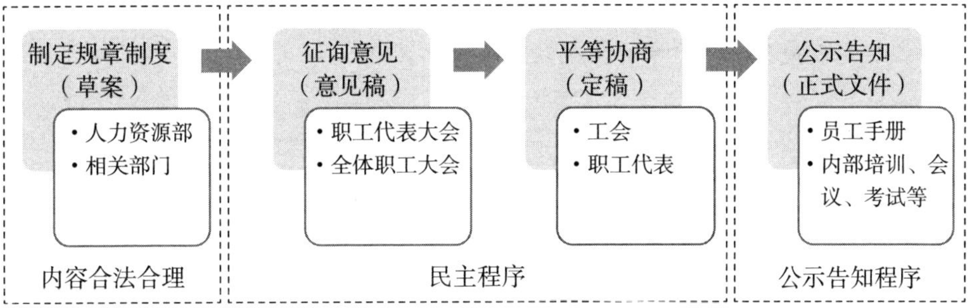

图4-2 程序要件合法的流程

1.民主程序

第一步：征询意见

企业《规章制度（草案）》，通过职工代表大会（大中企业）或者全体职工大会（小企业）的形式组织讨论、征求意见，收集职工的意见和建议，形成《规章制度（意见稿）》。

国有企业制定劳动规章应当经职工代表大会讨论通过；非国有企业制定劳动规章制度，法律没有规定必须经职工代表大会讨论通过。

（1）对于员工所在地比较分散的企业，召开全体职工大会的难度较大，HR可以向员工发放征求意见表，征询意见。还可以分部门、分区域讨论，请员工在接到通知后几日内书面回复意见，没有回复意见的，视为同意规章制度的规定。

（2）对于没有工会、职工代表大会的企业，HR可以同步在OA系统、企业内网、电子邮件、公告栏等向员工公示规章制度的内容，同时发布征求意见的通知；也可以采用会议征求意见的形式，由员工本人签字。

（3）对于工作出差没有参与制度讨论的员工，HR可以通过电子邮件方式征求意见，或者待员工出差回来后，再征询意见。如果是通过职工代表大会讨论，就不存在这种情况，很多地区的规定是经全体职工或者职工代表大会讨论，只要满足其中一项就可以。

在规章制度和重大事项决定实施过程中，工会或者职工认为不适当的，有权向企业提出，通过协商予以修改完善。征求意见结束后，人力资源部根据意见稿修改规章制度，形成《规章制度（修改稿）》。

第二步：平等协商

人力资源部将《规章制度（修改稿）》，经过工会或者职工代表大会平等协商，可参考工具《规章制度民主讨论、协商会议纪要》记录相关的意见。

（1）对于有工会或职工代表大会的企业，建议开会或通过其他形式讨论协商。

（2）对于没有工会或职工代表大会的企业，建议召开全体职工大会、部门会议或其他形式进行讨论。

《规章制度（修改稿）》经过平等协商，达成一致后，人力资源部修改完善《规章制度（定稿）》，经由全体员工与企业对《规章制度（定稿）》表决通过，可参考工具《规章制度审核和确定会议纪要》作为审核确定的记录凭证。

规章制度若无法协商达成一致时，企业可以依实际情况作出决定。

很多省或者市人民法院（北京市、深圳市、广东省、浙江省等）并不以规章制度是否通过民主程序作为生效要件。只要规章制度内容合法，向员工公示，员工未提出异议的，就可作为有效规章制度。天津市对规章制度的生效要件——征询意见和平等协商采取的是“二选一”的方式。如果所在地区没有明确规定，建议征询意见和平等协商最好都实施。

2. 公示告知程序

公示告知程序是指企业应当按照法律规定，通过某种程序将规章制度或重大事项的内容告知员工并使其知晓。

企业公示告知全体员工传阅和学习《规章制度》，让员工填写《规章制度告知（培训）确认书》，证明已经知晓并承诺遵守企业规章制度。

实践中，绝大部分企业的规章制度都已向员工公示告知，难点同样是举证，所以，要记得让员工本人签字，留存告知证据。

工具8:《规章制度告知（培训）确认书》

《规章制度告知（培训）确认书》

本人________（身份证号：__________________________________）已详细阅读并全面理解__________________________________公司2022版规章制度。包括：

1.__________________规章制度

2.__________________规章制度

3.__________________规章制度

4.__________________规章制度

5.__________________规章制度

6.……

本人承诺将严格遵守企业的上述规章制度，并同意依照上述制度享有相应权利，履行上述制度所规定的各项义务。

如有违反，本人同意接受企业按照相关规定进行处理。

特此确认。

员工确认签字：

____年____月____日

另外，建议HR将规章制度生效过程中的所有书面原始文件，包括规章制度的草稿、意见稿、修改稿、定稿和正式制度文件，以及民主协商和公示告知程序的通知、征求意见表、会议纪要、会议决议、到会签到表、各类通知文件、培训记录等，都保留、整理归档保存，以备将来作为证据使用。

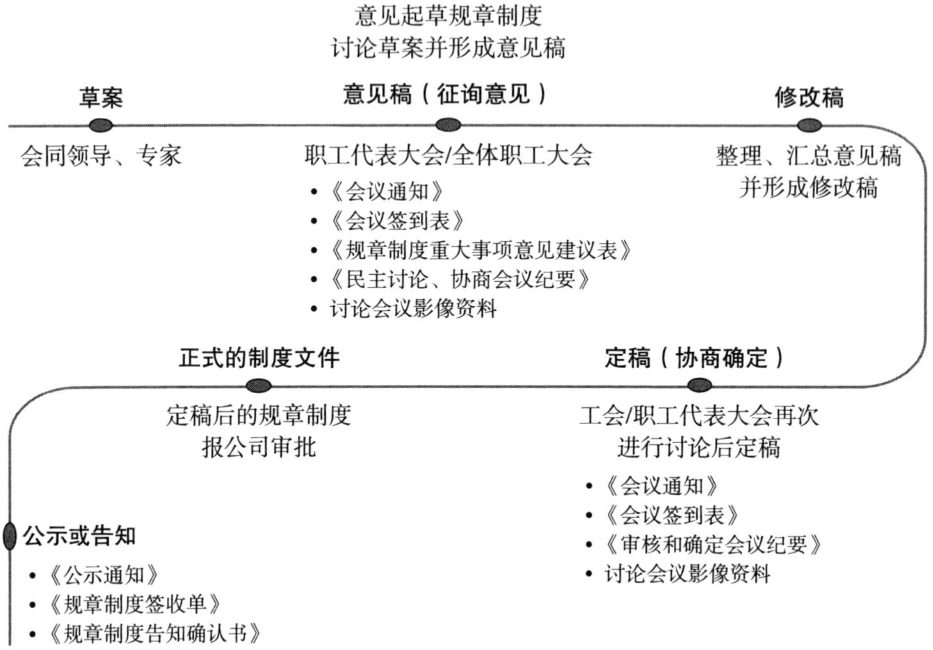

图4–3　规章制度生效流程

总结一下，规章制度程序生效的流程：规章制度草案→职工代表大会或全体职工讨论协商→收集职工的意见和建议→回复员工的意见和建议（形成征求意见稿）→规章制度的修改（形成修改稿）→职工代表大会或者工会平等协商（形成定稿）→公示告知规章制度（正式文件）→公示告知。

二、民主公示的规章制度

1.需要民主公示的规章制度

企业在制定、修改或者决定有关劳动报酬、工作时间、休息休假、劳动安全卫生、保险福利、职工培训、劳动纪律以及劳动定额管理等，涉及员工切身利益的规章制度；还有关于员工安置、解聘条件、股权激励制度等，也属于员工切身利益范畴，应当经职工代表大会或者全体职工大会讨论，提出方案和意见，与工会或者职工代表大会平等协商确定。

2.不需要民主公示的规章制度

企业有些规章制度不需经过民主公示程序，比如企业的财务制度、客户管理制度、公车使用制度、车间生产制度、年度目标等涉及企业自身经营的制度，该类制度涉及企业的经营决策，只要在法律法规的范围内制定，不侵犯员工应有的权利即可。

如果企业制定的劳动规章制度出现违法情形时，有两种处理方式：

（1）允许员工以此为由随时提出解除劳动合同，并获得经济补偿。

（2）由劳动行政部门责令改正，给予警告；给员工造成损害的，应当承担赔偿责任。

三、规章制度的10种公示方式

依照公平和诚实信用原则，企业规章制度有以下10种常见的公示方式，如图4–4所示。

公告栏	手册形式	邮件形式	网站公示	传阅形式
会议形式	培训考试	考核形式	劳动合同附件	公证形式

图4–4 规章制度的10种公示方式

1.公告栏

将规章制度在企业的公共区域内进行全文张贴、公告，并且将规章制度的公示现场以拍照、录像等方式进行记录保存。

该种方式优点是操作简单；缺点是效果无法把控，举证较难。

2.手册形式

将规章制度整理之后，制作成一本内容完整、结构严谨、体系合理的《员工手册》，并发给员工阅读，经员工本人进行签字确认。

建议HR对规章制度的版本、日期进行明确记录，将签收页与规章制度正文加盖骑缝章，企业应当保留包括规章制度在内的《员工手册》签收凭证。另外，新员工阅读《员工手册》时，HR最好进行必要的解释。

该种方式优点是操作简单，举证容易；缺点是规章制度只要修订，就要重新打印、确认。

3. 邮件形式

通过员工邮箱、微信工作群、钉钉工作群等线上方式向员工发送规章制度，员工回复确认收到。

该种方式优点是操作最简单、成本最低；缺点是举证难，电子证据保存难。

4. 网站公示

将规章制度放在企业的官方网站或者OA管理系统上，由员工进行上网浏览，让员工在《规章制度网上公示告知书》上签名确认，或者通过计算机的技术手段记录员工浏览规章制度的情况。

该种方式优点是操作成本低；缺点是举证难度大。

5. 传阅形式

企业在组织经营业务活动的时候，随时会出台一些管理规定。若每次都采用召集会议或者组织一次培训的方式来传达，难免会遇到应出席者外出或者请假等情况，以致难以集中，可以采取传阅和意见征询的方法加以解决。

该种方式优点是操作简便；缺点是举证难，效果无法把控。

6. 会议形式

召开全体职工大会或者部门会议、早会，对规章制度进行集中的分享、学习、培训，让员工在《规章制度学习会议记录》上签名确认。组织员工学习规章制度，签到册签名、会标拍照、留档。

该种方式优点是操作简便，举证容易；缺点是新员工的告知程序成本高。

7.培训考试

部门培训或企业统一培训后，用考试测试员工对规章制度的掌握情况。通过考卷就记录了员工的姓名，考试时间和得分等信息。同时，如果员工成绩不理想，就说明员工还没有完全记住规章制度，有必要督促其继续学习规章制度。

该种方式优点是效果易把控，举证容易；缺点是实施培训难度大，成本高。

8.考核形式

将员工对于企业规章制度的了解情况作为考核项目，定期或者不定期考核员工对规章制度的了解情况，记录规章制度考核结果，并让员工签字确认。

该种方式优点是操作简便，举证容易；缺点是实施成本偏高。

9.劳动合同附件

将规章制度作为《劳动合同》的附件，在劳动合同中约定**“劳动者已经详细阅读，已经理解并知晓上述规章制度的内容，自愿遵守用人单位的规章制度”**。并让员工在劳动合同上签字确认。

该种方式优点是举证容易；缺点就是规章制度经常要更新，导致管理成本高。

10.公证形式

将规章制度进行公证，是一种法律行为形式。以公证形式体现的民事法律行为、有法律意义的事实和文书，具有证据效力、强制执行效力、法律行为生效要件效力。

该种方式优点是举证容易；缺点是成本比较高。

·给HR的温馨提示：

1.企业规章制度生效的三大要件：主体要件、实体要件和程序要件。HR需要将规章制度生效过程中的所有书面原始文件，做好整理并归档保存。

2.企业在制定、修改或者决定有关劳动报酬、工作时间、休息休假、劳动安全卫生、保险福利、职工培训、劳动纪律以及劳动定额管理等，直接涉及员工切身利益的规章制度；还有关于员工安置、解聘条件、股权激励制度等也属于员工切身利益范畴，应当经职工代表大会或者全体职工讨论，提出方案和意见，与工会或者职工代表平等协商确定。

3.规章制度的10种公示方式，包括公告栏、手册形式、邮件形式、网站公示、传阅形式、会议形式、培训考试、考核形式、劳动合同附件和公证形式。

第二节 | 规章制度与劳动合同条款不一致

规章制度与劳动合同属于企业管理的基础内容。规章制度并不等同于劳动合同，规章制度是对劳动合同没有规定的事项进行补充，但二者相互之间可能存在重复约定或者冲突的规定。

一、规章制度与劳动合同条款不一致

（一）劳动合同优先适用

《最高人民法院关于审理劳动争议案件适用法律问题的解释（一）》第五十条规定[①]，企业规章制度与集体合同或者劳动合同约定的内容不一致，员工可以请求优先适用合同约定，人民法院应予支持。

案例

A公司的《员工手册》中规定，公司可以根据产品需求调整工作进度和工作安排。该公司包装部的员工实行每天“三班倒”，A公司与包装员签订的劳动合同中也约定了工作时间和班次安排。

最近，A公司对产品进行了调整，市场需求量大幅增加，为保证按时完成订

① 《最高人民法院关于审理劳动争议案件适用法律问题的解释（一）》第五十条：“用人单位根据劳动合同法第四条规定，通过民主程序制定的规章制度，不违反国家法律、行政法规及政策规定，并已向劳动者公示的，可以作为确定双方权利义务的依据。用人单位制定的内部规章制度与集体合同或者劳动合同约定的内容不一致，劳动者请求优先适用合同约定的，人民法院应予支持。”

单，A公司书面通知包装部的员工，将原来的“三班倒”调整为“两班倒”。通知公布后，员工中马上出现反对的声音。而A公司认为，制度是经过合法程序制定并公布的，既然有明确规定公司可以调整工作进度和工作安排，那么公司就有权自主管理员工的工作时间和工作强度。

案例解析

本案的焦点是劳动合同与规章制度不一致时如何认定的问题。规章制度作为A公司经营管理的内部规章，相对于劳动合同对双方当事人的特殊约定，一般情况下，都会以劳动合同为准。

A公司“三班倒”的工作安排已明确列入劳动合同文本之中，属于劳动合同内容，在适用上会优于规章制度。A公司要将“三班倒”改为“两班倒”，属于对劳动合同内容中劳动条件、工作强度的变更，应该与员工平等协商并在员工同意接受之后才能完成最终的变更。否则，A公司只能维持原有的“三班倒”工作安排，继续履行原合同约定的内容。

可见，当出现不一致的问题时，劳动合同的约定会优于企业规章制度的规定。

对于企业而言，应当保持规章制度的规定与劳动合同的约定一致，避免由此引发的风险。如果规章制度与劳动合同对同一事项规定不同，不仅会导致管理上的混乱，还会带来不必要的麻烦与损失。

（二）企业的特别约定

劳动合同和集体合同的优先适用效力，是在没有约定的情况下适用的。假如企业在与员工签订劳动合同时，做了特别的约定，那就应该按照约定来处理。

实务中，企业根据实际需求发布与劳动合同约定内容相关的规章制度，及时变更劳动合同中的相关内容，签订劳动合同补充协议。

1.在劳动合同中约定，**“《规章制度》作为本合同附件一并执行，劳动合同**

条款与《规章制度》的规定不一致时，条款自动失效，以规章制度为准”。《规章制度》作为本合同的附件，与劳动合同具有同等效力，当以后企业对规章制度进行修改，出现与《劳动合同》约定不一致时，以《规章制度》为准。这时当劳动合同内容与《规章制度》不一致时就应以《规章制度》的规定为准。

2.在企业制定或者修改《规章制度》的时候，应就该制定或者修改内容和员工及时补签《劳动合同条款变更或者调整协议》，其中可以明确规定：**“本协议内容作为甲乙双方劳动合同的补充条款，与劳动合同具有同等法律效力。原劳动合同的相关内容与本协议规定相抵触的，以本协议约定为准。”**

规章制度内容合同条款化，从根源上解决了劳动合同、集体合同与规章存在不一致时的适用问题。

二、劳动纪律与职业道德

如果在规章制度未作出明确规定，劳动合同亦未明确约定的情况下，员工存在严重违反劳动纪律或职业道德的行为，企业可以依据“劳动者应当遵守劳动纪律和职业道德”的规定与员工解除劳动合同。

案例

陈某是A公司的驾驶员。2018年10月1日，陈某驾驶公交车执行运营任务时，由于城市整体道路改造，陈某驾驶的该路公交车需要临时改线绕行。在陈某驾驶车辆改线转弯时，车上一名乘客质问陈某为何改道，随后与陈某发生争吵。

陈某一时情绪激动，抄起车上自备的灭火器砸向该乘客，但未砸中，灭火器在车中央跌落后发生喷射，给乘客及行人造成严重恐慌。这一现象被乘客拍摄，并发到网上广泛传播，给A公司造成了极为恶劣的社会影响。事后，A公司叫停陈某工作。

2018年10月15日，A公司召开党政工联席会议，经研究决定“陈某就公交线路临时改线问题未能有效、及时地与乘客解释，而是出现纠纷并殴打乘客，对A公司社会声誉造成恶劣影响……因陈某严重违反劳动纪律，故解除与陈某的劳动合同”。

陈某向劳动人事争议仲裁院提起仲裁申请，要求A公司恢复双方劳动关系。

案例解析

经查明，该企业制定了相关的规章制度，其中详细列举了各种解除劳动合同的情形，但没有规定本案情形或类似情形。

陈某作为公交车驾驶员，在因城市整体规划施工而线路改线时，对乘客做好解释工作是其义务与责任。当遇到突发问题时，陈某将车辆灭火器丢向乘客，导致灭火器向车内喷射。由于该行为发生于公共场所，陈某的行为易造成公共安全事故。

陈某严重违反公交等驾驶员的基本职业操守和劳动纪律，也严重超出社会成员普遍遵守的共同行为规范，给企业造成了极为负面的影响。因此，A公司以陈某“严重违反劳动纪律”为由解除劳动合同是合法的。

劳动纪律是企业为形成和维持生产经营秩序，保证劳动合同得以履行，要求全体员工在劳动过程中必须共同遵守的规则。

劳动纪律虽不等于企业规章制度，但劳动纪律是为大众所认同的，在劳动过程中员工应当遵守的行为规范。当企业规章制度之外的情形出现且劳动者的行为明显违反公序良俗或社会共同行为规范时，即使企业的规章制度中没有明确规定，仍可以此为由解除劳动合同。

三、集团公司与子公司的规章制度

集团公司的母子公司、总分公司的规章制度应符合一惯性、统一性的要求，即不仅要求员工接受与其签订劳动合同的公司的直接管理，同时还要求员工接受上级公司规章制度的间接管理。

中央企业、地方国有企业、大型企业中，上级公司要求其一级子公司、二级子公司、三级子公司在不同程度上适用上级公司的规章制度。

在司法层面，能够作为纠纷处理依据的规章制度至少应当具备以下4个要素：

1. 由企业制定；

2. 涉及员工切身利益的规章制度应当经过民主制定程序；

3. 内容不违反法律法规和政策规定；

4. 已经向员工公示。

子公司是独立的法人，即使母公司的制度同样适用于子公司，也需要实施民主公示程序。

分公司不是独立的法人，如果分公司取得营业执照或者登记证，则可以独立制定规章制度。如果分公司与总公司执行同一套规章制度，并不是自然适用，在总公司民主公示程序的时候，分公司也要参与其中。

• 给HR的温馨提示：

1. 用人单位制定的内部规章制度与集体合同或者劳动合同约定的内容不一致，劳动者请求优先适用合同约定的，人民法院应予支持。

2. 员工存在严重违反劳动纪律或职业道德的行为，企业可以依据“劳动者应当遵守劳动纪律和职业道德”的规定与员工解除劳动合同。

第三节 | 严重违纪、严重失职与重大损害

“员工违反规章制度情节严重的，属于严重违纪行为”“员工违反公司规章制度对企业影响重大的，属于严重违纪行为”“员工违反公司规章制度经劝阻无明显改善的，属于严重违纪行为”……您觉得这些条款对“严重违纪”行为界定得清楚吗？

一、规章制度的严重违纪

当对企业的规章制度条款理解存在异议时，裁审机构一般都会倾向于员工（也就是一般人）的理解方式。所以，企业规章制度不仅要经过合法、合理的生效程序，还要有明确的量化标准，并且能够举证违法的行为。

比如，有些企业规定一个月迟到3次属于“违纪”；一周迟到5次属于“严重违纪”。有了“违纪”和“严重违纪”的对比，才能凸显违纪的程度。既便于员工理解，又利于企业举证。

比如，一般企业员工工作时间吸烟，谈不上违纪；如果是加油站的工作人员吸烟，那就属于严重违纪，因为他们的工作环境不同。

对于严重违纪，不同的企业有不同的理解，一般需要依据企业的行业类别、用工环境、员工的岗位等一系列因素来考量，通过层层深入细化的方式来确定。

二、规章制度的严重失职

员工的失职行为与岗位职责的相关联关系。

如果企业未制定具体的岗位职责，并对其进行详尽描述，那么即便员工在工作上存在过错，导致了一定经济损失，也很难认定其是否存在严重失职。

案例

郑某是A公司物流部负责人，公司外仓多次发生成品被偷运出库，造成经济损失过百万元，外仓员工王某利用A公司系统漏洞伪造订单，偷运商品，被判职务侵占罪。A公司以郑某存在严重失职以及对下属监管不力，给A公司造成重大损害为由，解除了劳动合同。

案例解析

本案的争议焦点是，王某利用系统漏洞伪造订单，A公司主张郑某应当能核查出异样，但不能举证证明郑某应当能够注意到。王某作为郑某的下属，其职务侵占的行为，确实与郑某监督管理不力有关联，但结合郑某的权限、层级关系以及王某主要犯罪手段等，法院认为以一般合乎理性之人所能达到的谨慎程度来判断，A公司主张郑某未尽审核职责，依据不足，尚不足以认定郑某为严重失职。

企业应当明确并告知员工其岗位职责，只有确定好具体的职责标准，才能据此确定造成损失的行为是否属于该员工的工作职责范围，并以此初步判断员工是否存在玩忽职守等行为。

实践中，如果企业仅有原则性的规定，当企业以失职为由与员工解除劳动合同时，要举证员工严重失职，难度较大。员工一般会以该内容不属于其工作职责，企业没有重大损失或者企业的损失与其工作职责无直接因果关系等理由进行抗辩。

所以，企业要将员工严重失职且给企业造成重大损害的行为，纳入员工严重违纪行为中，并且在规章制度中对员工严重失职、重大过失、监管责任等进行具体规定。

三、规章制度的重大损害

很多企业将员工失职行为造成的某一数额的经济损失，作为本企业认定“重大损害”的标准之一。对于重大损害的具体金额标准，根据企业的类型和规模等，金额会有较大差异。若发生争议，劳动争议仲裁委员会根据企业的类型、规模和损害程度等情况，对企业规章中规定的“重大损害”进行认定。

企业在界定“重大损害”时，应注意区分“重大损害”和“严重违纪”之间的区别，很多企业规章制度将“重大损害”等同于“严重违纪”中的重大损失，实际上重大损害的外延是大于重大损失的。

（一）重大损失

重大损失一般指造成了一定的经济损失，但是重大损害不仅包括造成了重大损失，还包括对企业造成了其他不利后果和影响。比如，由于员工严重失职行为导致客户严重投诉、媒体负面报道等进而导致企业商业信誉受损，或受到行政机关调查处罚等情形。

用人单位在制定规章制度“重大损失”条款的前提下，首先要明确劳动者的岗位职责，其次要明确定义何为重大损失，最好具象地用经济损失金额进行明确。

示例

一般损失：造成经济损失1万元以内；

较大损失：经济损失大于1万元，但小于5万元；

重大损失：经济损失大于10万元，但小于50万元；

特大损失：经济损失大于50万元，但小于100万元。

如果企业的规章制度是经过民主程序与公示程序生效的，裁审机构一般会尊重企业的自主经营权，不会轻易判定企业规定的重大损害金额标准过低。

这也不能简单地规定劳动者只要给企业带来了损失，就是“严重违纪中的重大损失”，尤其是在证据链不成熟的时候，就以严重违纪立刻解除劳动关系/劳动合同，如此操作会给用人单位带来不利后果。

（二）重大损害

对重大损害的认定标准主观性比较强，如果不将其具体体现在规章制度中，会不便于企业的举例和证明。

可以将重大损害后果用具体金额进行量化，以此来衡量员工行为是否构成重大损害，如“员工因严重失职行为，给企业造成经济损失10万元，或造成企业重大名誉损害；员工对下属管理不力，或没有尽到监管责任，给企业造成经济损失50万元，属于重大损害后果”，对于企业来讲，比较容易证明，有利于在诉讼中占据主动地位。

实践中，解除劳动合同的举证责任在企业，不管是严重违纪，还是重大损害，企业大部分败诉，主要原因有以下几种。

1.无法充分举证证明员工客观上存在职务上的重大过失行为，或存在故意行为（营私舞弊）。

2.无法充分举证企业遭受重大损害的标准。

3.无法举证企业所遭受的重大损害与员工职务上的重大过失或营私舞弊行为存在主要或决定性的因果关系。

4.对员工的同一个违纪行为进行了重复评价、重复处罚。

5.对违纪程度产生错误认识，将员工的合法行为或一般违纪行为，错误地评价为严重违纪行为。

另外，根据《劳动合同法》第三十九条第三款规定，严重失职，营私舞弊，给用人单位造成重大损害的，用人单位可以解除劳动合同。实操中，此种情形下解除劳动合同应当同时满足以下4点。

1.企业的规章制度事先对严重失职行为、营私舞弊行为有明确规定，对重大损害有量化的认定标准，并事先经员工确认。

2.规章制度事先对各个岗位的岗位职责和工作范围有较为明确的约定，并事先经员工确认。

3.企业能充分举证证明遭受了重大损害，并详细列明其金额、范围，其中也包括无形的损害，比如企业的信誉、品牌形象等。

4.企业能充分举证证明，该重大损害是由于当事员工的重大失职或营私舞弊行为而产生的，该行为为该重大损害的发生提供了决定性的或主要的原因力。

四、规章制度的兜底条款

所谓“智者千虑，必有一失”。

规章制度采取列举的形式来规定违纪行为，但是无法穷尽所有事项。为了使企业的规章制度具有更广的涵盖性和更大范围的适用性，规章制度的内容就需要有概括性的兜底条款来约束员工的行为。

案例

王某到按摩医院就诊，医院诊断及建议为：颈椎病，建议休两周。随后，王某向A公司请病假两周，A公司予以批准。

之后，A公司以“员工提出两周病假全休申请后当日即出境旅游，属提供虚假病例申请信息并恶意欺骗公司，严重违反规章制度”为由与员工解除劳动合同。解除劳动合同的通知主要内容为：您提出两周病假全休申请后，当日就出境旅游，属提供虚假病例申请信息并恶意欺骗公司，上述行为严重违反公司规章制度，公司决定立即解除与你的劳动合同。为证明与王某解除劳动合同符合法律规定，A公司向法院提交了电子邮件、《A公司员工纪律制度》、《A公司商业行为准则》、谈话录音等证据予以证明。王某不服，申请劳动仲裁。

案例解析

本案的争议焦点是王某的行为是否构成严重违反规章制度。仲裁、一审和二审均以“A公司的规章制度未对员工休病假期间的休假地点作出限制性规定”为由，认定A公司解除劳动合同违法。

A公司不服，申请再审。再审法院以“公司的规章制度虽未对员工休病假期间的休假地点作出限制性规定，但员工的行为有违诚信原则和规章制度且给公司造成恶劣影响”为由，认定A公司解除劳动合同合法。从再审的裁判理由来看，法院多少适用了“兜底条款”来处理员工的违纪问题。

很多企业都会在《员工手册》等规章制度中设置“兜底条款”，主要原因在于：

1.企业因自身认知和管理水平所限无法通过规章制度穷尽一切违纪行为，客观上也不可能穷尽；

2.随着社会的发展，员工各种违纪行为也层出不穷，企业几乎无法预测可能出现的违纪行为。

因此，企业通过“兜底条款”的设置，能够尽可能涵盖员工各种违纪行为，确保用工管理有所依据。对规章制度“兜底条款”的设计，有以下3点建议。

1.合理设计“兜底条款”，避免“兜底条款”与其他条款冲突。

避免企业解除类的“兜底条款”，如“其他严重侵害企业利益的应当受到处分的严重违纪行为”与非解除类条款“玩忽职守、违章操作或工作失职”相冲突。前者的处分类型是解除劳动合同，后者的处分类型是留司察看，这将最终导致解除类的“兜底条款”不能适用。

2.将遵守劳动纪律、职业道德、诚实信用原则以及公序良俗、社会道德等纳入“兜底条款”之中。

如同法律法规一样，规章制度不可能穷尽列举一切严重违纪行为，但规章制度可以借鉴法律法规的立法技巧，结合一般人的道德观、法理和正确的价值观，拟定“兜底条款”以弥补客观之不能穷尽。

企业可以将员工的法定义务，如遵守劳动纪律、职业道德、诚实信用、公序良俗以及社会公德等纳入兜底条款中。一方面基于保护企业法定权利以及公序良俗等要求，对员工进行必要的用工管理；另一方面也能尽量避免企业在劳动争议纠纷中处于不利地位。

3. 员工违纪时慎用解除类的兜底条款。

由于企业的制度缺失，导致无法对违纪员工进行有效处理，此种不利后果自然应由企业承担。所以，企业一定要合法、合理设定解除类的兜底条款，作为必要时的解除依据。

对于员工的一般违纪行为，如有其他非解除类条款可以适用，应慎用解除类的兜底条款。

对于员工的严重违纪行为，在作出解除通知时，除了列举具体适用条款，也可以加上**“其他影响企业正常经营的行为”**解除类的兜底条款，以备不时之需。

对于规章制度的兜底条款，裁审机构在引用其作为审判依据时一般比较谨慎。如有其他条款可以适用的，裁审机构一般不支持企业适用规章制度的兜底条款来解除劳动合同。

• 给HR的温馨提示：

1. 对于严重违纪，不同的企业有不同的理解，一般需要依据企业的行业类别、用工环境、员工的岗位等一系列因素来考量，可以通过层层深入的方式来细化规定。

2. 企业要将员工严重失职且给企业造成重大损害的行为，纳入员工严重违纪行为中，并且在规章制度中对员工失职、过失、监管责任等进行具体规定。

3. 重大损失一般指造成的经济损失，但是重大损害不仅包括造成了重大损失，还包括造成企业的其他不利后果和影响。

第四节 | 违规取证及举证方法

一、企业常见的七类违规证据

企业常见的七类认定员工违规的证据，包括：员工自认书证、过失单、证人证言、物证、政府部门处理意见及证明、电子证据和其他证据。

1.员工自认书证

如果员工拒绝签订相关文件，企业可以和员工沟通，建议其本人书写检讨、申辩书、情况说明等员工自认的书证，本类型证据是可以最直接地证明员工严重违纪的证据。

企业主管领导在员工出现严重违纪行为后，应及时找其谈话，指出员工行为的严重后果，并提出书写要求。员工自认书证应完整陈述违纪行为发生的时间、地点、涉及的人、违纪行为发生的原因、经过以及给企业造成的损害后果等。在企业出具的员工违纪说明、处罚通知书和员工行为异动表等书面材料上，也必须有违纪员工本人亲笔签名，并注明时间。

2.过失单

违纪员工本人签字的过失单或违纪记录，应清楚记载违纪事实经过，造成的损害结果及违纪行为指向的企业规章制度中的具体条款等。

如有可能，违纪记录最好由违纪员工本人填写，如员工不能自行书写的，企业工作人员应将代为填写的内容以诵读的方式告知违纪员工本人，并由违纪员工本人签署**“已了解表格内各项填写内容，本人予以认可”**等类似内容，签字确有困难的，可以按手印代替。

3. 证人证言

与违纪员工共事的同事对违纪员工的违纪行为了解得最清楚，其证言陈述有一定证明力。但因其与企业存在利害关系，所以他们的证言效力较低，一般不能单独作为确定事实的证据使用。如果企业有其他辅助证据可以与该证据形成完整的证据链，则可以成为确定事实的依据。

企业经常高估证人证言的作用，认为只要有其他当事员工作证就能说明问题。实际上，裁审机构通常都会认为在职员工做出的陈述，因其具有利害关系而无法客观反映事实，从而不予认可。更重要的是，证人证言只能起到辅助证明的作用。与之相反，非企业员工的证人证言，其证明力大于企业员工的证人证言。

4. 物证

被违纪员工损坏的机器设备和其他物品等，均是证明员工违纪的有效证据。在有需要的情况下，可以申请审理机关调查取证并封存。

5. 政府部门处理意见及证明

员工违纪行为导致企业受到行政处罚的（如酒驾、赌博、盗窃等），有关部门会发放《行政处罚决定书》，处理意见、处理记录及证明等。因员工违纪导致企业赔偿第三人违约金或其他损失的，企业应保留相关书面证据。

对于有违法行为的员工，可以要求有关部门处理，有关部门的处理结论或者笔录，如交警、公安局的出警笔录，就是较能说明当时情况的证据。

6. 电子证据

《最高人民法院关于修改〈关于民事诉讼证据的若干规定〉的决定》于2020年5月1日生效，该决定进一步细化并扩大了电子数据类证据的范围，包括以下几种。

（1）网页、博客、微博客等网络平台发布的信息；

（2）手机短信、电子邮件、即时通信、通讯群组等网络应用服务的通信信息；

（3）用户注册信息、身份认证信息、电子交易记录、通信记录、登录日志等信息；

（4）文档、图片、音频、视频、数字证书、计算机程序等电子文件；

（5）其他以数字化形式存储、处理、传输的能够证明案件事实的信息。

电子数据也能间接证明员工确实存在严重违纪的行为，但该些证据本身容易被修改。比如，当事人陈述事件的聊天记录、平台文章、图片，建议最好能显示年/月/日。电子证据需要和其他证据形成证据链条才会有较强的证明力。

7.其他证据

违纪行为本身及处理过程中的相关录像、录音资料，可作为证据使用。

二、收集证据注意事项

企业解除劳动合同引发的纠纷中，证据可分为制度证据、事实证据和程序证据等。也就是说，解除中的每一个步骤，企业都需要有相应的证据支持才行。一旦发生纠纷诉至法院，企业可以请求公证处进行证据保全。

1.对于电子证据的保留，应确认员工有查看企业公共盘、电子邮箱等电子媒体的权限和条件。

2.为员工配备工作用电脑、设置公共盘、网站、电子邮箱的登录账号和密码，并由员工签字确认自己的账号、承诺定期查看该电子载体信息，且该期限需要具体规定。

3.建议IT人员定期将电子载体上的信息制作成表格，并简要注明信息内容；或通过计算机技术手段记录员工浏览规章制度的情况。

4.无论是信息表格，还是浏览记录，都需员工签字确认，声明本人已经查看并知晓内容。

5.对于电子邮件公示的内容，发送信件的员工其发件箱要保存发件记录。

·给HR的温馨提示：

1.企业常见的七大证据类型，包括：员工自认书证、过失单、证人证言、物证、政府部门处理意见及证明、电子证据和其他证据。

2.企业解除劳动合同引发的纠纷中，证据可分为制度证据、事实证据和程序证据等。劳动合同解除的每一个步骤，企业都需要有相应的证据支持才行。

HR QUANLIUCHENG
FAWU SHICAO SHOUCE

第五章
员工违纪处理的风险

第一节 丨“斜杠员工”的兼职行为

法律并没有明令禁止员工不能兼职。员工兼职的工作方式成为一种流行趋势，被越来越多的人接受。随着平台经济的发展，工作越来越不受空间和时间的限制，企业该如何保证自己的权益？

一、兼职与双重劳动关系

兼职是指区别于本职工作，在本职工作之外兼做其他工作。相比于全职工作，兼职工作的时间、地点不受约束，劳动者可兼任其他工作。

案例

刘某在A公司担任美容美发产品技术顾问。在刘某与A公司的劳动合同中约定“除法律允许、公司另有规定或A公司事先书面同意情况外，本合同期内，员工不得在其他任何单位兼职”。

刘某2016年10月开始租赁地下室为他人理发，店铺未悬挂招牌，没有营业执照或个体工商户执照。大众点评上留有刘某手机号码，且有121条评价，点评内容中言及“店铺是A公司老师开的店”等。

A公司据此称，刘某利用A公司的品牌影响力在外设店经营，且向客户收取费用，属于经营性质。刘某认为店铺不是营利性质理发店，只是利用双休日业余时间为朋友理发，称此种行为并非兼职行为。2019年1月31日，A公司以刘某在外从事兼职，严重违规为由解除双方劳动关系。

案例解析

本案争议焦点在于，刘某开设店铺的行为是否属于企业明确禁止的兼职行为。店铺作为刘某自费租赁地点，没有营业招牌、没有经营资质，理发人员亦只有刘某一人，故店铺并不属于企业或组织。

虽然刘某的工作和其兼职存在一定关联，但其店铺为客户提供理发服务，属于不同业务范畴，两者并不冲突。网络评价中，只有个别点评涉及“A公司老师”，实务中，对于“利用企业资源”的认定也较为谨慎。且刘某未对A公司造成负面影响，即便存在某种利用企业品牌影响力的行为，也不宜作为解除劳动关系的依据。

常见的员工兼职分为四种情形：顾问式服务、劳务服务、非全日制劳动和全日制劳动。

1.顾问式服务

员工向企业提供不定时的技术或信息咨询服务，一般为顾问式服务。双方建立的基础是服务，在服务过程中员工存在自主性，而不是直接劳动力，双方也不存在管理与被管理的关系。因此，顾问式兼职的员工与企业之间没有建立劳动关系，只建立了民事合同关系。

2.劳务服务

兼职员工向其他企业提供的是劳务服务，企业向兼职员工支付了一定的报酬，双方不存在管理与被管理的关系。

3.非全日制劳动

法律赋予非全日制用工人员，在不影响先订立的劳动合同的履行的情况下，灵活兼职的权利。从事非全日制用工的兼职员工可以与多个企业订立合同，只要后订立的合同不影响先订立的合同即可。

4.全日制劳动

员工与原企业存在劳动关系，却因特殊情形的出现，员工也为其他企业提供全日制的劳动。如劳动者与原单位保留劳动关系，但是不再提供劳动，从而有时间和精力为第三方提供全日制劳动。

二、员工兼职行为的风险

（一）法律限制的兼职

法律对某些员工兼职行为有严格限制，如《公务员法》严格限制国家公务员的兼职行为；《公司法》对于国有独资公司的董事长、副董事长、董事、高级管理人员，未经国有资产监督管理机构同意，不得在其他有限责任公司、股份有限公司或者其他经济组织兼职。

对于一般员工而言，限制兼职的法规为《劳动合同法》第三十九条①和第九十一条②，但上述法规的适用情形较为严格，往往需要企业承担较多的举证责任。此二条款旨在规范员工的双重劳动关系或多重劳动关系，赋予了企业单方解除劳动合同的权利。实施的前提是“对完成本单位的工作任务造成严重影响”或“经用人单位指出，拒不改正”，即需要证明员工与其他企业建立劳动关系、企业实际损失情况及二者因果关系。

（二）兼职行为可能侵犯原企业利益

员工兼职工作与本企业存在竞争关系，可能被视为违背对企业承担的忠诚义务和诚信原则。即使规章制度中没有明确约定，实务中，审裁机构也会较多地倾向于支持企业单方解除劳动合同的行为。

案例

林某与A公司签订《劳动合同》，工作岗位为安装造价工程师，劳动合同期

① 《劳动合同法》第三十九条第四项规定，劳动者同时与其他用人单位建立劳动关系，对完成本单位的工作任务造成严重影响，或者经用人单位提出，拒不改正的，用人单位可以解除劳动合同。

② 《劳动合同法》第九十一条规定，用人单位招用与其他用人单位尚未解除或者终止劳动合同的劳动者，给其他用人单位造成损失的，应当承担连带赔偿责任。

限为2016年1月到2019年12月。

2019年3月，A公司发现林某在B公司兼职，并把造价工程师证挂靠在B公司名下。A公司于2019年10月17日向林某发送电子邮件："公司核查到您与B公司存在事实劳动关系，并把造价工程师证挂靠在B公司名下，请于您2019年10月27日前与B公司终止劳动关系。"林某没有理睬。

2019年11月10日，A公司发出《解除劳动合同通知书》："林先生，鉴于您在公司任职期间，严重违反公司管理制度，且存在严重的工作失职，给公司造成损失，根据我司的相关制度规定，与您解除劳动关系。"林某以A公司违法解除劳动合同，要求A公司支付经济赔偿金为由提起诉讼。

案例解析

本案的焦点在于，A公司对林某的兼职行为的举证。A公司在规章制度和劳动合同中，均未规定兼职情况应承担何种责任；且未能提供林某因兼职给A公司造成损失的证据。

A公司在知道林某将造价工程师证挂靠在B公司名下后，仅是通知林某与B公司解除劳动关系。对于林某把造价工程师证挂靠在B公司的行为，A公司没有留下林某在B公司提供事实劳动的证据。另外，A公司并未给予林某改正的机会和时间，而是直接与林某解除了劳动合同。法院判决：A公司解除林某的劳动合同系违法解除，应当支付林某的违法解除劳动合同赔偿金。

反之，如果A公司在规章制度中明确规定哪些是属于构成双重劳动关系的兼职行为，并及时保留林某把造价工程师证挂靠在B公司的证据，于通知中告知林某拒不改正的后果的话，那么A公司解除林某的劳动合同才是合法解除。

1.竞业行为

竞业行为指员工兼职的企业与本职企业之间存在竞争关系，或者员工兼职销售的产品与本职企业的产品存在竞争关系。如果员工兼职行为构成竞业行为，那么可以判定员工违反劳动纪律和企业规章制度。

2.侵犯商业秘密和著作权

技术人员兼职为他人提供技术服务时，可能涉及本职企业的商业秘密，或利用商业秘密制作、生产买卖产品，那么其兼职就属于侵犯本职企业的商业秘密行为。

员工在外销售所在企业的物质技术条件制作、生产的作品，也可能被认定为侵犯企业的著作权。

3.兼职的涉密风险

员工在外兼职的是和本职工作同一行业的现象较为常见，而这种现象也会导致故意或过失泄露商业秘密。

除了在制度上的完善外，企业应做好涉密人员的泄密预防措施。首先，为企业全体员工定期进行保密意识培训，培养其保守商业秘密的意识；其次，构建商业秘密管理体系，如与技术人员签订保密协议、竞业禁止协议等；最后，对企业的涉密文件进行分级分类并储存，限制一般员工的访问权限，使得一般员工无法接触到商业秘密，从源头杜绝商业秘密外泄的风险。

（三）员工兼职的工伤隐患

在职员工为了兼职工作，在上下班途中遭受交通事故等伤害的，而所在的兼职企业拒绝承担工伤的责任。

《最高人民法院关于审理工伤保险行政案件若干问题的规定》第六条规定[①]对“上下班途中”的判断，需要认定是否属于在“合理时间”与“合理路线”之中。但对于员工上班前备货，下班前往自行摆摊，是否属于在“合理时间”和“合理路线”的范围内，目前尚存争议。

① 《最高人民法院关于审理工伤保险行政案件若干问题的规定》第六条规定，对社会保险行政部门认定下列情形为“上下班途中”的，人民法院应予支持：（一）在合理时间内往返于工作地与住所地、经常居住地、单位宿舍的合理路线的上下班途中；（二）在合理时间内往返于工作地与配偶、父母、子女居住地的合理路线的上下班途中；（三）从事属于日常工作生活所需要的活动，且在合理时间和合理路线的上下班途中；（四）在合理时间内其他合理路线的上下班途中。

实践中，即便法院认为工伤发生不属于“合理时间”和“合理路线”，企业也需对不认为是工伤进行举证，出于保护劳动者的角度，法院也会倾向于作出较有利于受伤职工的解释。建议HR对兼职的导致工伤问题，根据企业实际情况，在规章制度中作出详细的规定。

三、员工做微商、开网店、开网约车的风险防范

近年来，越来越多的员工从事微商、网店、网约车等兼职工作，并由此引发了一些劳动争议。

案例

张某入职A银行工作，利用业余时间开网约车。A银行认为，张某在工作期间兼职的行为严重违反了企业的规章制度。

A银行根据《员工违规行为处理规定》第一百七十九条规定：“违反廉洁从业有关规定，未经批准兼职或违规领取薪酬及其他收入，情节较重造成严重后果或情节严重造成不良后果的，可以解除劳动合同。”对张某作出行政记大过，并解除劳动合同关系的处分。

张某认为A银行所指称的“兼职”根本不能成立，自己充其量只是在业余时间挣点零花钱。网约车司机与银行业并不存在竞争和利害关系，他也没有违反廉洁从业规定，而且下班和周末等非工作时间开网约车属于业余活动。

案例解析

本案的争议焦点在于，张某开网约车的行为是否构成兼职，并且该行为虽然不违反法律，但是是否违反A银行规章制度，同时与其他企业建立了劳动关系。事实上，张某是通过平台的居间服务与乘客构成临时的服务关系，并未与任何“汽车租赁公司”或“劳务派遣公司”建立劳动关系。

但张某做兼职司机的行为，确实违反了A银行规章制度，经A银行提出，拒不改正的，A银行可以解除劳动合同。

而对于企业而言，员工在企业提供全日制工作的就应该尽到忠诚、勤勉义务。

企业可以通过规章制度限制员工兼职行为，对工作期间的“兼职行为”进行详尽的定义和描述，并列为严重违纪行为写入规章制度或劳动合同中。合法有效的规章制度不仅对员工具有约束力，也是仲裁委和法院审理劳动争议案件的依据。

“除企业书面同意外，员工不得在工作时间从事微商、网店、网约车等兼职工作，否则视为严重违纪，企业有权解除劳动合同。”

“未经企业许可，员工不得在工作时间从事与企业利益相冲突的活动或微商、网店、网约车等兼职行为，无论有偿还是无偿，一经发现，企业有权解除劳动合同。”

员工在工作时间兼职做微商、开网店、开网约车，难免会占用本职工作的时间，并且只要是在互联网上发生的兼职行为，都会留有证据。

实践中，企业发现员工兼职，如果情节尚不严重，不宜立即与其解除劳动合同，可以通过面谈或下达书面通知要求员工改正。如果员工兼职对完成本职工作任务造成了严重影响，或者经企业提出，拒不改正的，只要企业能够举证出员工有兼职行为，同时提供企业要求其停止兼职，而员工拒绝改正的相关证据，也可以解除劳动合同。

• 给HR的温馨提示：

1.员工兼职可以分为顾问式服务、劳务服务、非全日制劳动和全日制劳动四类。

2.法律严格限制国家公务员、国有独资公司的董事长、副董事长、董事、高级管理人员的兼职行为。

3.法律赋予非全日制用工人员，在不影响先订立的劳动合同的履行的情况下灵活兼职的权利。

4.企业还可通过规章制度限制员工兼职行为，合法有效的规章制度不仅对员工具有约束力，也是仲裁委和法院审理劳动争议案件的依据。

第二节 | 小错不断、大错不犯的员工处理方法

人都会犯错，员工自然也是，而小错不断、大错不犯的员工给企业造成的损害往往不容小觑。

一、小错和大错的判断标准

1.判断小错、大错的标准

员工经常会犯一些小错，比如：迟到、早退、偶尔旷工、上班打瞌睡、聊天、串岗、在非吸烟区吸烟等。企业性质不同，对小错、大错的判断标准也不同。

比如，很多企业对员工不在吸烟区吸烟都不算严重违纪，但是加油站的员工在禁烟区吸烟，就构成严重违纪。

又如，在员工不同意的情况下，企业不能强制要求员工加班。如果在面临突发灾害，企业的财产安全受到严重威胁的情形下要求加班，员工拒绝加班就是严重违纪，也具有合理性。

小错仅发生一次或持续时间很短时，构成一般违纪比较合理，构成严重违纪可能不合理。如果小错尚属可以改正的范围时，建议HR可以与相关员工私下沟通，帮助员工纠正错误，避免再犯。

2.将小错累积成大错

如果员工小错屡犯已成习性，且无法改正的话，小错累积到一定程度就可能变成大错，同样可能会构成严重违纪而不得不解除劳动合同。

建议HR在制定规章制度时，把小错和大错通过逻辑关系联系起来。将违纪的处罚由轻到重，分为一般违纪、中等违纪、严重违纪三种。当一般违纪、中等违纪在一个时间段内达到一定次数后，就可能形成严重违纪。

3.规章制度制定时要严密，执行时要严谨

规章制度在制定时要严密，执行时要严谨，才能够保证解除劳动合同时有依据，才能够让规章制度真正起到约束作用，引导企业形成良好的文化氛围。

比如，规章制度中“一般过错经过书面警告后，一个月内又有同类一般过错的，属于严重违反规章制度”的规定。如果企业执行中没有“书面警告”的程序，即使员工在一个月内有两次一般过错，员工的行为也不属于严重违反规章制度的情形。如果企业解除了该员工的劳动合同，就构成违法解除劳动合同。

二、不要将“违纪解除”变成“违法解除”

以严重违纪为由解除劳动合同，对企业的举证要求很高，稍有不慎可能造成违法解除，增加企业的用工成本。

案例

张某应聘进入A公司。双方签订了一份两年期劳动合同，约定张某从事收银工作，月工资5000元。

某天，张某通过操作收银机的取消程序，将已售出的20元饮料消费记录从系统中删除，被领班发现。公司规章制度规定“收银员侵占收银款，属于严重违反规章制度的行为，公司有权立即解除劳动合同”。次日，A公司即以张某严重违反规章制度为由作出辞退决定。

张某感到不满，遂向当地劳动人事争议仲裁委员会申请仲裁，要求A公司支付违法解除劳动合同赔偿金5000元。

案例解析

本案的焦点在于，20元的交易金额是否构成严重违纪。基于收银员的岗位性质，张某应当在涉及A公司财产的问题上，尽到更高的忠诚义务。张某的不当行为不仅有悖于职业道德，还有违诚信。

A公司主张，收银员岗位特殊，张某意图侵吞收银款的行为与其工作职责相悖。且其规章制度不违反法律规定，可以作为本案解除劳动合同的适用依据，不同意支付赔偿金。A公司辞退决定的作出是根据收银员的基本工作原则，且有确凿的事实证据。因此，张某要求A公司支付违法解除劳动合同赔偿金5000元未能得到仲裁庭的支持。

针对不同岗位的员工，若出现上述类似涉及财务方面的违纪情形，则应根据案件所涉及款项金额和主观恶意程度等情况，综合判断员工违法行为的性质和程度，评估该违纪行为给企业带来的经济损失和管理影响。

（一）小错也要举证

在解除劳动合同之前，HR必须要落实两个问题：

1.企业的规章制度中是否对此种员工严重违纪行为有明确规定？

2.员工的违纪事实是否有充分的证据支持？

员工犯小错时，很多企业仅仅给予了口头警告。因为无法举证，企业将无法启动违纪离职的程序，一旦员工不同意协商解除，企业可能将“违纪解除”变成“违法解除”。对于员工的违纪行为，应注意做好记录。不管员工的违纪行为是大错，还是小错，企业都应留下痕迹。

（二）员工违纪记录的留存

1.让员工对违纪事实进行自认，写检讨书或情况说明。

2.找员工就违纪情况谈话时做录音，将事情发生的时间、地址、人物、起因、经过、结果，都在录音里反映清楚。

3.有其他当事人或在场旁观人员的，第一时间做好记录。

4.及时保存监控录像、照片、视频等。

合法解除劳动合同要做到事实清楚、证据充分，收集到的证据要保留原件，用来证实员工存在违反规章制度的事实。

三、处理违纪员工的注意事项

（一）违纪处罚措施

企业可以合法采用的违纪处罚措施包括：警告、记过、拒薪、扣薪、降级、免职、解除劳动合同等。

1.最好用警告或记过，尽量不要用“辞退”“开除”“除名”等字眼，其不仅不规范还与警告、记过有实质区别。

2.拒薪是指当企业将员工的工作表现与员工的某项薪资捆绑作为支付条件时，员工有违纪行为，该项薪资便不再支付（或按比例支付）。比如，迟到早退和全勤奖的考核。扣薪是指若员工的违纪行为给企业造成经济损失时，可依法扣薪以补偿该损失。

3.降级、免职的处罚措施多适用于管理层。因为随着职级的变化，薪资标准也将同步调整。

（二）解除劳动合同应当通知工会

企业单方解除劳动合同，应当事先将相关情况通报给工会。在企业未建工会的情况下，可以将解除理由向上级工会报备。

企业违反法律、行政法规规定或者劳动合同约定解除劳动合同的，工会有权要求企业纠正。HR不必担心通知工会程序会不当干预企业管理，法律规定是研究工会意见，并将处理结果书面通知工会。

（三）解除通知书送达劳动者

如果因为严重违纪解除劳动合同，HR一定要以书面形式将解除通知书送达员工，送达方式一般有当面送达、邮寄送达和公告送达三种情形。

1. 当面送达

采取直接上门送达，需要注意的是最好有两人以上一同前往，送达员工并当面签收。如果员工不肯签收，则应进行同步录音或录像，以证明确实将解除决定告知对方。

2. 邮寄送达

企业根据员工劳动合同中约定的送达地址，或紧急联系人的地址邮寄送达。送达地址必须是经过员工本人签字确认过的地址，否则也会有送达不合法的风险。

送达最好通过邮政特快专递的形式，并留下寄送收据及回执单，在快递单上注明送达文件的名称，比如解除劳动合同书。

3. 公告送达

必须是在穷尽了其他送达方式，均无法送达时，才可以采取公告送达的方式。

• 给HR的温馨提示：

1. 同样一个情形，在A企业构成一般违纪，在B企业很有可能就构成严重违纪。

2. 具体到员工小错大错行为之中，可以从质与量两个方面判决是不是严重违反规章制度。

3. 规章制度在制定时要严密，执行时要严谨，才能够保证解除劳动合同时有所依据，才能够让规章制度真正起到约束作用，并引导企业在此之下逐渐形成良好的文化氛围。

第三节 | 员工旷工不可以“视为自动离职”

在员工离职阶段，员工主动辞职或者以员工旷工为由解除劳动合同对企业来说，成本最低，效率最高。实务中，企业以员工旷工为由解除劳动时，较为随意，其中的风险较高。

一、迟到、早退不可以视为旷工

旷工是指在正常工作日不请假或请假未获批准而擅自缺勤的行为。

有些企业规章制度中“迟到或早退30分钟以上者视为旷工半天，3个小时以上者视为旷工一天”的规定明显不合理。如果企业将员工的迟到、早退的行为次数按适当比例折算为违纪次数，并以违纪次数，作为标准来衡量违纪解除的条件，这样符合普遍判断标准，就属于合理的规章制度。

二、连续旷工3天可构成严重违纪

法律只规定员工严重违纪、严重违反规章制度时可以解除劳动合同。对于员工连续旷工或累计旷工多少天才能予以辞退解除劳动合同，并没有作出具体规定。

裁判实务中，一般是以连续旷工3天以上作为解除的裁判标准。如果企业在规章制度中规定员工连续旷工3天以上，可以解除劳动合同，且该规章制度经过民主程序制定，并已告知员工，出现相关纠纷时，法院基本上会支持依规章制度解除劳动合同。

如果企业规章制度没有明确规定“员工旷工3天以上，构成严重违纪”，就不能认定员工严重违纪。

三、旷工不可以“视为自动离职”

“员工旷工3天以上，视为员工自动离职”，这样的规章制度非常不合理。建议改为**“员工旷工3天以上，根据规章制度，该行为构成严重违纪”**。员工旷工3天以上时，可以通过“送达催告—严重违纪解除—通知工会—送达解除”四步，避免劳动关系长期处于不确定状态。

第一步，HR先通过邮政速递送达《返岗催告函》给员工预留确认的送达地址，并留下寄送收据以及回执，在快递单上注明送达文件的名称。催告员工在催告期限返回企业正常上班，或办理请假、休假手续。

第二步，催告期限过后，该员工仍未返回。当员工旷工天数达到企业规章制度规定的，按严重违纪对该员工作出解除劳动合同的决定。

第三步，如果企业设立了工会，在发出解除通知前应先通知工会或上级工会。

第四步，HR将《劳动合同解除通知书》依法送达员工，保存相应送达证据。解除通知自送达时生效，劳动合同自通知送达时解除。

工具9：《返岗催告函》

《返岗催告函》

________先生/女士：

你自______年______月______日至今未到公司上班，现将公司规章制度公示于你，请你收到本催告函后，慎重考虑，即日恢复正常工作。如果对此有任何异议，请于接到本通知之日到公司说明情况并办理请假手续。否则公司有权依照旷工追究你的相关责任。

现将公司的考勤规章制度再次公示如下：

1.员工有如下行为视为旷工：

（1）员工未经请假，擅自离岗的；

（2）员工请假未经公司批准，擅自离岗的；

（3）确有特殊情况，但未到公司说明缘由或者未办理相关请假手续，擅自离岗的；

（4）到岗但是未办理考勤登记的；

（5）到岗但是未向公司提供劳动的；

（6）其他未经公司批准或者未向公司说明，擅自离岗的。

2.连续旷工超过______天（含______天）或在连续12个月内累计旷工超过______天，属于严重违反公司规章制度行为，公司将与你解除劳动关系并不予支付经济补偿金。

催告人：

年　　月　　日

四、员工被拘留，不能按旷工处理

被行政拘留、刑事拘留或逮捕的员工，不可以转换为严重违纪或者旷工处理。

刑事拘留与行政拘留的性质不同。行政拘留是员工行为违反了《治安管理处罚法》，是一种处罚措施；刑事拘留不是处罚措施，而是强制措施，还是犯罪嫌疑人没有被定罪，最后也有可能是被冤枉的。所以，此期间既也不能被转化为严重违纪解除劳动合同，也不能被转化为旷工解除劳动合同。

员工涉嫌违法犯罪被有关机关审查、拘留或逮捕的，企业在员工被限制人身自由期间，可与其暂停劳动合同的履行。按照“中止”劳动合同的方式来处理，注意是“中止”，而不是“终止”。

• 给HR的温馨提示：

1.企业将员工迟到和早退的行为按适当比例折算为违纪次数，并以违纪次数作为标准规定违纪解除的条件，这才是相对合理的规章制度。

2.实务中，一般的标准是以连续旷工3天以上作为解除劳动合同的合适期间。

3.员工旷工数天，构成严重违纪的依法解除劳动关系，并事先通知工会，而不是“视为自动离职”。

4.员工涉嫌违法犯罪被有关机关审查、拘留或逮捕的，企业在员工被限制人身自由期间，可与其暂停劳动合同的履行。

第四节 | 员工违纪造成经济损失的处理

如果员工迟到5分钟，企业可以罚款20元/次吗？如果员工上班时间吃早餐，企业可以罚款20元/次吗？

答案是：不可以。

一、企业不可以对员工进行经济处罚

按照现行的劳动法律，企业不能对职工处以罚款。罚款属于财产罚范畴，只能由国家立法机关和政府行政部门制定，企业无权在规章制度中设定罚款条款。比如，员工迟到或者上班时间吃早餐，企业可以在规章制度中规定几次记小过、几次记大过、几次记严重违纪。

二、员工造成经济损失的合理扣款

如果员工给企业造成经济损失，企业是否有权要求员工赔偿损失？损失是否可以从工资中扣除？

案例

张某在A公司工作，其月工资为4000元。张某因使用投影仪时操作不当，将价值10000元的投影仪摔坏。A公司就此事与张某达成赔偿协议，按投影仪原价的80%即8000元的标准要求张某赔偿，每月从张某的工资中扣除一部分作为赔偿，直到扣满8000元。次月，A公司从张某的工资中扣除了2000元作为赔偿。

张某认为A公司每月扣得太多，协商未果，遂向仲裁机构申请仲裁，要求A公司返还一部分扣款。

案例解析

本案的焦点在于，每个月扣除2000元的工资作为赔偿是否合法。

根据《工资支付暂行规定》第十六条规定[①]，经济损失的赔偿，可从张某的工资中扣除。但每月扣除的部分不得超过张某当月工资的20%，即每月不得超过800元。本案中，企业有权在张某的工资中扣除赔偿，但是每月扣除2000元超过张某月工资收入的20%（800元），企业应当将超出部分（1200元）返还给张某。

首先，企业扣款的前提是能够举证员工的行为给企业造成了直接经济损失，且能够提供损失计算的依据及经济损失的数额。如果无法举证，就算是客观上存在损失，也不能从员工工资中扣除。企业虽然可以从造成损失的员工工资中扣除赔偿费，但HR应当提前书面告知员工扣除原因及数额，未书面告知的情况下不得扣除。

其次，如果从工资中扣除经济损失，每月扣除的部分不得超过员工当月工资的20%。若扣除后的剩余工资部分低于当地月最低工资标准，则按最低工资标准支付。但如果员工已经与企业解除或终止劳动关系，可以要求员工一次性赔偿所有的损失。

HR需要注意的是，法院一般会根据员工的主观恶意、过错程度、造成损失的大小、收入水平、承担能力，以及企业安全教育、管理措施、保障水平和本

---

① 《工资支付暂行规定》第十六条规定，因劳动者本人原因给用人单位造成经济损失的，用人单位可按照劳动合同的约定要求其赔偿经济损失。经济损失的赔偿，可从劳动者本人的工资中扣除。但每月扣除的部分不得超过劳动者当月工资的20%。若扣除后的剩余工资部分低于当地月最低工资标准，则按最低工资标准支付。

身应当承担的经营风险等因素酌情确定赔偿比例。

• 给HR的温馨提示：

1. 按照现行的劳动法律，企业无权在规章制度中设定罚款。

2. 员工给企业造成经济损失的，企业可按照劳动合同的约定要求员工赔偿经济损失。经济损失的赔偿，可从员工本人的工资中扣除。但每月扣除的部分不得超过员工当月工资的20%。若扣除后的剩余工资部分低于当地月最低工资标准，则按最低工资标准支付。

第六章
工时休假管理的风险

第一节 丨 三种工时制要分清

企业常见的三种工时制：标准工时制、综合工时制和不定时工时制。到底哪种工时制更适合您的企业呢？

一、标准工时制的“8小时工作制”

标准工时制是指员工每日工作时间不超过8小时、平均每周工作时间不超过40小时的工时制度，可能会有以下3种情景。

情景一：周一到周六为工作日，周日休息；每天“朝九晚五”，中午吃饭休息1.5小时

这符合“每日工作时间不超过8小时，每周工作时间不超过40小时”的规定，符合标准工时制的要求。除了“朝九晚五”以外，有些企业采用“两班倒”“三班倒”的工作时间安排。

情景二：每周上班4天，每天9小时

每天9小时的工作时长超出“8小时工作制”的规定。所以，即使每周工作时间不超过40小时，也有可能会被认定为加班。假设企业采取的是综合工时制，这种情景就不算加班。

情景三：每天工作时间不超过6小时，每周工作7天

满足每天不超过8小时的要求，即使每周工作时间不超过40小时，但是每周工作的第七天肯定属于加班。因为一般来说，要保证员工每周至少休息1天。

二、综合工时制的计算周期

综合工时制是指企业以标准工作时间为基础，以一定的期限为周期，综合计算工作时间的工时制度。综合工时制是针对因工作性质特殊，需连续作业或受季节及自然条件限制的企业员工。通过集中工作、集中休息、轮休调休、弹性工作时间等适当方式，保障员工的休息休假权利和工作任务的完成。

标准工时制和综合工时制的区别在于计算工作时间的周期不同，标准工时制是以周为周期；综合工时制是以年、季、月、周为周期去综合计算工作时长，但是其一个周期内的工作时长与法定的工作时长相同。

年工作时长：365–104–11=250（天）；250×8=2000（小时）。

季工作时长：250÷4=62.5（天）；62.5×8=500（小时）。

月工作时长：250÷12≈20.83（天）；20.83×8=166.64（小时）。

周工作时长：5×8=40（小时）。

三、不定时工作制的自由度

标准工时制和综合工时制都是一种定时工作制，是依据工作时间来计算劳动量，而不定时工作制是一种直接确定员工劳动量的工作制度。

案例

王某为A公司的长途运输汽车驾驶员，A公司以出具“行车单”方式安排王某的工作，并根据其运输量及运输里程计发其工资。

合同期满后，A公司因王某在工作中曾出现过交通事故，而不愿与其续订合同，双方于是办理终止合同的相关手续。王某认为在履行合同期间有超时工作的情况，他出示了保存两年的行车时间记录，上面有每天工作时间的记载，并有超过8小时工作的时间记录，并指出A公司从未支付过加班费。王某要求A公司支付其两年工作期间超过规定时间工作的加班费。

案例解析

本案的争议焦点是，王某应按何种工时制度领取工资。根据原劳动部《关于企业实行不定时工作制和综合计算工时工作制的审批办法》的规定，企业中的长途运输人员适合实行不定时工作制。

本案中，A公司对驾驶员岗位的工作时间确定为不定时工时制，并经有关部门审批同意，即使王某超时工作时间记录属实，也不能要求A公司支付其两年工作期间超过标准工作时间的加班费。

因工作性质和工作职责的限制，无法按标准工作时间衡量或是需要机动作业的员工采用不定时工作制计算薪酬。采用不定时工作制的员工，虽然实行的是弹性的工作时间，理论上来说不存在旷工，但前提是确保生产、工作任务的完成，而不是绝对的自由。

对于实行不定时工作制的员工，原则上平均每天工作8小时，每周至少休息一天。

表6-1　三种工时制的特点

工时	标准工时制	综合工时制	不定时工时制
适用范围	一般劳动者。	（1）交通、铁路、邮电、水运、航空、渔业等行业中因工作性质特殊，需连续作业的员工。 （2）地质及资源勘探、建筑、制盐、制糖、旅游等受季节和自然条件限制的行业的部分员工。 （3）其他适合实行综合工时制的员工。	（1）企业中的高级管理人员、外勤人员、推销人员、部分值班人员和其他因工作无法按标准工作时间衡量的员工。 （2）企业中的长途运输人员、出租汽车司机和铁路、港口、仓库的部分装卸人员以及因工作性质特殊，需机动作业的员工。 （3）其他因生产特点、工作特殊需要或职责范围的关系，适合实行不定时工时制的员工。

续表

工时	标准工时制	综合工时制	不定时工时制
工作时长	不超过 8小时/天； 40小时/周。	不超过40小时/周； 166.67小时/月； 500小时/季度； 2000小时/年。	没有固定的上下班时间要求。
用工备案	不需要审批。	需报劳动保障部门审批。	需报劳动保障部门审批。

如表6–1所示，三种工时制有不同的适用范围和工作时长要求。企业实行综合工时制和不定时工时制，必须经劳动和社会保障部门审核、批准，正式实施前应向员工公布。

1.中央直属企业，经国务院行业主管部门审核，报国务院劳动行政部门批准，报市劳动局备案；

2.市属企业，经其主管部门审核后，报市劳动局批准，报所在区、县劳动局备案；

3.区县属企业，经其主管部门审核后，报区、县劳动局批准；

4.外商投资企业按现行管理体制分别报市、区、县劳动局审批；

5.其他无主管部门的企业，报所在区、县劳动局批准。

如果HR要申请实行综合工时制审批材料，可按所在地区劳动和社会保障行政部门告知承诺要求办理，包括但不限于以下资料：

1.提交申请实行综合工时制告知承诺书；

2.实行综合工时制实施方案；

3.实行综合工时制申报表；

4.工会意见或职工（代表）大会书面决议意见。

• 给HR的温馨提示：

1.标准工时制是指员工每日工作时间不超过8小时、平均每周工作时间不超过40小时的工时制度。

2.综合工时制是指企业以标准工作时间为基础，以一定的期限为周期，综合计算工作时间的工时制度。

3.不定时工时制是一种因工作性质和工作职责的限制，无法按标准工作时间衡量或是需要机动作业的员工所采用的工时制度。

第二节 丨“996”工作制的加班风险

加班几乎是每个企业都会存在的一种现象，特别在互联网行业和初创企业。

一、加班的认定和计算方法

（一）加班的认定

加班须同时满足两个条件：一是加班是企业安排的；二是员工在法定工作时间之外提供了工作。

以下四种情景，哪些属于加班呢?

情景一：员工下班后在办公场所逗留，并未提供工作

员工下班后在单位逗留，仅凭电子打卡记录不能认定存在加班事实，不属于加班。

情景二：员工放弃休息的权利自愿加班

员工自愿放弃休息，加班也不是企业安排的，就不视作加班，不需要支付加班费。

情景三：员工自愿加班，并得到了上级同意和审批

上级审批的加班，属于企业安排的加班，需要支付加班费。

情景四：员工无法在工作时间内完成自己的工作任务，需要加班才能完成

如果企业抬高劳动定额的标准，又通过未完成扣工资、扣奖金的方式来强迫员工不得不加班。视为企业变相地强迫员工加班，也需要支付加班费。

（二）加班工时计算方法

表6-2　月出勤日和月计薪日

种类	天数	应出勤日	月出勤日（工时）	计薪日	月计薪日（工资）
全年	365	250	20.83	261	21.75
休息日	104				
法定节假日	11				

1.工作日的计算

年工作日：365天/年–104天/年（周末休息日）–11天/年（法定节假日）=250天/年；

季工作日：250天/年 ÷ 4季=62.5天；

月工作日：250天/年 ÷ 12月≈20.83天；

工作小时数的计算：以月、季、年的工作日乘以8小时。

2.日工资、小时工资的折算

根据《劳动法》第五十一条的规定①，法定节假日应当依法支付工资，即折算日工资、小时工资时，不剔除国家规定的11天法定节假日。

月计薪天数=（365天–104天）÷ 12月=21.75天；

日工资：月工资收入 ÷ 月计薪天数；

小时工资：月工资收入 ÷（月计薪天数 × 8小时）。

（三）加班种类及工资待遇

根据《劳动法》第四十四条规定②，延长工作日加班、休息日加班和法定节假日加班应支付高于员工正常工作时间工资的工资报酬。

---

① 《劳动法》第五十一条规定，劳动者在法定休假日和婚丧假期间以及依法参加社会活动期间，用人单位应当依法支付工资。

② 《劳动法》第四十四条规定，有下列情形之一的，用人单位应当按照下列标准支付高于劳动者正常工作时间工资的工资报酬：（一）安排劳动者延长工作时间的，支付不低于工资的百分之一百五十的工资报酬；（二）休息日安排劳动者工作又不能安排补休的，支付不低于工资的百分之二百的工资报酬；（三）法定休假日安排劳动者工作的，支付不低于工资的百分之三百的工资报酬。

1.工作日加班

工作日延长工作时间的，按照不低于劳动者本人工资的150%支付加班工资，一般每天延长工作时间不得超过1小时。

工作日加班工资=月工资÷（月计薪天数×8小时）×150%×延长工作小时时间

2.休息日加班

员工每周至少休息一天，休息日安排员工加班，企业应优先安排补休，补休时间应等同于加班时间。若是不能安排同等时间补休的，按照不低于员工工资的200%支付加班工资。

休息日加班工资=月工资÷月计薪天数×200%×加班天数

3.法定节假日加班

法定休假日安排员工加班工作的，一般不安排补休。应另外支付不低于工资的300%的工资报酬。

法定节假日加班工资=月工资÷月计薪天数×300%×加班天数

目前，加班工资在企业经营成本中所占比重日益加大，HR可以依法选择实施不同的工时制度以降低加班工资的支出。在实操中需要注意以下几点：

（1）综合工时制的工作时间不区分工作日与休息日，都是150%的加班工资。

（2）不定时工时制法定节假日加班标准需按照地方政策执行。例如，在北京不定时工时制在法定节假日工作不算加班；在上海、深圳的工资支付条例中规定，不定时工时制在法定节假日加班应按300%的日工资支付加班费。

表6-3　三种工时加班和加班费

工时	加班	加班费
标准工时制	• 每天不超过1小时 • 特殊情况每天不超过3小时 • 每周至少休息1天 • 每月不超过36小时	• 延时：150% • 休息日：200% • 法定节假日：300%

续表

工时	加班	加班费
综合工时制	• 一个周期超过标准时间属于加班 • 节假日安排工作属于加班 • 平均每月不得超过36小时	• 延时：150% • 休息日：150% • 法定节假日：300%
不定时工时制	• 平均每天原则上工作8小时 • 每周至少休息1天 • 除法定节假日工作外，其他时间工作不存在加班	• 延时：无 • 休息日：无 • 法定节假日：300%或按照地方政策执行

二、“996”工作制的防范策略

“996”工作制是指工作日9点上班，21点下班，中午和傍晚各休息1小时（或不到），总计每天工作时间10小时以上，一周工作6天的工作制度。

“996”工作制每周工作时长达到60小时甚至更多，一周加班时间达到20小时或更多，一个月至少80小时，无论采取哪一种工时制，在加班时长方面均已超过法律允许的限度。即使企业与员工就“996”工作制达成一致，且安排调休或支付加班费，也不会改变该工作方式违反法律强制性规定的认定。

案例

2018年10月，孔女士应聘进入A公司从事行政前台工作，月工资4000元。双方签订一份劳动合同，约定每周“做五休二”，每天工作8小时。但实际上，孔女士每周工作六天，每天工作时间为9时至21时。因无法适应长时间工作，孔女士于2019年5月下旬主动提出辞职。

在办理离职手续的过程中，孔女士提出A公司应与其结清加班工资，但遭到拒绝，其遂向劳动人事争议仲裁委员会申请仲裁，请求A公司支付2018年10月至2019年5月延时及休息日加班工资25000元。A公司则主张，公司执行加班审批制度，孔女士未经审批不视为加班，故不同意支付加班工资。

案例解析

本案的焦点在于，孔女士是否存在加班事实。孔女士的岗位是行政前台，A公司安排她每周工作6天，每天工作12小时。虽然双方在签订的劳动合同中约定为“标准工时”制，但孔女士实际执行的是“996”工作制，有别于员工未经审批自行加班的情形。即便A公司设定了加班审批制度，也不能否认其“996”工作制的不合法性，因此，A公司的抗辩主张显然不能成立。

仲裁委员会依法作出裁决，对孔女士要求A公司支付2018年10月至2019年5月延时及休息日加班工资25000元的请求，予以支持。

从上述案例可以看出，实施“996”工作制的企业存在巨大的风险，建议HR可以从以下3个方面做好内部沟通。

首先，企业强制推行“996”工作制，是不符合法律规定的，员工是有权拒绝的。如果企业强推“996”工作制，还将面临警告、责令改正、罚款等行政处罚。

其次，实施“996”工作制导致员工存在加班事实，企业必须向员工支付加班费，否则还将面临向员工支付赔偿金以及员工被迫辞职的经济补偿金的风险。

最后，从短期来看，“996”工作制也许对企业有利；但从长远来看，必然会产生劳动效率降低、员工忠诚度降低等多方面风险，甚至产生涉及工资、工时、劳动保护等劳动争议，进而使企业受到处罚，甚至影响企业形象。

三、8小时外的加班情形

（一）在外出差恰逢双休日的加班认定

情景1：双休日在正常工作

员工出差在外的双休日是在正常工作的，而事后企业又不能安排补休，那么企业须根据《劳动法》的规定支付员工双倍工资。

情景2：双休日并未工作

员工出差期间的双休日，并未工作，不认定为加班。

（二）休息日参加培训的加班认定

情景1：培训是员工自愿参加的，不具有强制性

如果培训目的也只是提高员工自己的个人技能，那么培训就不能认定为加班。比如，员工周末参加考研辅导培训，并不能认定为加班，这并非工作需要。

情景2：培训是企业要求的，具有强制性

员工参加与工作紧密相关的会计新税务政策培训、安全员的消防培训，这是企业强制要求的培训，如果培训安排在休息日，就可以认定为加班。

（三）值班不属于加班

值班是指企业因安全、消防、假日等需要，临时安排或根据制度安排与员工本职无关联的工作。比如，看门、接听电话等。

值班主要根据企业是否提供休息场所、员工是否有充分休息时间等综合判断。值班期间员工可以休息，一般为非生产性的责任。值班可以有值班津贴，没有加班工资。

四、控制加班费的7个技巧

1.区分“非加班情形”

HR要公示告知员工下班滞留工作场所、双休日出差、假期培训、值班“非加班情形”加班的情形，让员工清楚非加班情形。

2.健全加班审批管理制度

员工加班前必须填写《加班申请、确认单》中“申请”部分，经部门主管（经理）批准；加班后，填写《加班申请确认单》中“确认”部分，描述具体的加班情况、加班时长等内容，经部门主管（经理）确认，报人力资源部存档。通过加班申请、确认的双重审批管理，既可以避免员工无效加班，也便于HR存档记录。

3.用调休取代加班费

建议企业优先选择调休来取代加班费的支出，尤其对工资较高的员工。加班后调休应该根据企业实际需要，与员工协商一致。原则上加班后，应在当月内调休完毕；因工作原因未能调休的，可以3—6个月内调休完成。如因个人原因未能调休，视为自动放弃调休；如因工作原因未能休假者，可折算工资。

4.法定节假日尽量不安排员工加班

法定节假日的加班不能安排调休，那就意味着法定节假日加班，要按员工工资的300%来支付加班费。对企业来说，法定节假日的加班成本最高，所以，要尽可能避免安排员工在法定节假日加班。

5.加班费计算基数预先确定

HR要计算员工的加班费，首先要确定加班费的计算基数，实践操作中要把握以下5点。

（1）如果劳动合同有明确约定工资数额的，应当以劳动合同约定的工资作为加班费计算基准。值得注意的是，如果劳动合同的工资项目分为“基本工资”“岗位工资”“职务工资”等，应当以各项工资的总和作为基数计发加班费，不能以“基本工资”“岗位工资”或“职务工资”单独一项作为计算基数。

（2）如果劳动合同没有明确约定工资数额，或者合同约定不明确的，应当以实际工资作为计算基数。凡是企业直接支付给职工的工资、奖金、津贴、补贴等都属于实际工资。而取暖费、伙食补助和劳动保护补贴等应当扣除，不能列入计算范围。

（3）在确定员工日平均工资和小时平均工资时，应当按照每月工作时间为21.75天或174小时或按当月实际工作天数进行折算。

（4）实行计件工资的，应当以法定时间内的计件单价为加班费的计算基数。

（5）加班费的计算基数低于当地当年的最低工资标准的，应当以日、时最低工资标准为基数。

由于各地区的加班工资计算基数不同，建议HR以当地人力资源和社会保障局查询的相关政策法规为依据。

6.灵活运用特殊工时制、非全日制工时制

企业可以结合生产经营需要、岗位特点等实际情况，申请综合计算工时制、不定时工时制和非全日制工时制，安排员工集中工作、集中休息。

7.注意时效与举证责任

（1）每月考勤记录结果让员工签字确认

对加班情况予以翔实记载，填写《加班申请确认单》让员工签名确认，避免企业在纠纷中陷入无法举证的不利局面。另外，交接班的记录、加班通知、工作邮件、微信记录、延长工作时间内的工作记录等，都可作为加班事实的证明，应至少保存两年。

（2）工资发放记录应至少保存两年

对于两年内的加班工资请求，员工无须做到详尽举证，只要完成初步举证就好（有加班或有考勤）。当员工完成上述举证后，证明具体加班时间的举证责任在于企业。如果企业支付了加班费，一定要在工资条中具体载明，并让员工签名确认。

对于两年外的加班工资请求，工资支付的举证责任在于员工，员工应举证证明企业拖欠其具体的加班工资未支付。

工具10：《加班申请、确认单》

《加班申请、确认单》

姓名		部门		岗位	
加班理由					
加班地点					
工作内容					
拟加班时间	年　月　日　时至　年　月　日　时，共耗时____小时				
加班类型	□延时　□休息日　□法定节假日				

续表

说明	①为保证高效率工作，企业原则上不提倡员工加班。但特殊情况必须加班时，须提前填写本申请，经部门主管（经理）批准后，方可认定为加班。 ②员工休息日加班原则上以调休方式进行核销，员工对企业作出的调休决定应当服从。 ③加班申请单需每天下班前交部门主管（经理）并经人力资源部审核确认，无加班申请单不计算加班费。 ④加班费计算基数以双方约定或企业相关规章制度执行。		
申请员工	主管意见	人力资源部意见	
签字： 年 月 日	签字： 年 月 日	签字： 年 月 日	
加班后填写			
实际加班时间（员工填写）			
加班确认（主管填写）	□认可加班 □不认可加班，理由：		
核销建议（主管填写）	□计算加班费 □调休		
员工确认	年 月 日		
人力资源部确认	年 月 日		
说明	此单据作为确定加班事实的唯一凭证。		

• 给HR的温馨提示：

1.加班一般指企业由于生产经营需要，经与工会和员工协商后，安排员工在法定工作时间以外工作。

2.加班须同时满足两个条件：一、加班是企业安排的；二、员工在法定工作时间之外提供了工作。

3.无论采取标准工时制还是综合工时制，“996”工作制在加班时长方面均已超过法律允许的限度，明显不符合法律、行政法规中关于工作时长的规定。

第三节 | 常见的五种休假

休息休假是《宪法》赋予员工的法定权利。休假大致包括法定节假日、年休假、劳动关系休假（事假、病假）和家庭生活休假（婚假、丧假、产假）等。本小节介绍常见的5种休假，即事假、病假、婚假、丧假、年休假。

一、事假

员工因个人或家庭原因需要请假的，可以提前申请事假。事假一般以“天”或“小时”作为计量单位。对企业而言，请假可能影响正常工作的运行，因此事假必须“事”出有因，并需要得到批准。

如员工不能事先履行请假手续，应当通过电话或委托他人的方式请假。事后，如果要让请假合规，员工需及时补办请假手续。

事假一般是按照月均工作日21.75天来折算事假工资。有的企业不扣除员工事假期间的工资，如果企业发了事假期间的工资，且当年事假达到20天的，员工不再享受当年的年休假。

二、病假

员工患病或非因工负伤治疗期间，提供医院出具的诊断证明，可以申请病假。

在规定的医疗期间内，由企业按有关规定支付其病假工资或疾病救济费，病假工资或疾病救济费可以低于当地最低工资标准，但不能低于最低工资标准的80%。

三、婚假

依据《民法典》婚姻家庭编以及各省自治区和直辖市《人口与计划生育条例》的规定，企业员工结婚时，应当享受婚假。

婚假是带薪休假，我国各地区婚假天数不一样。晚婚年龄为男性25周岁以上，女性23周岁以上，部分地区取消了晚婚假。[①]

（一）部分已经取消了晚婚假，婚假为3天的省市

1.浙江省：法定婚假3天；

2.山东省：法定婚假3天；

3.四川省：法定婚假3天；

4.江西省：法定婚假3天；

5.广西壮族自治区：法定婚假3天；

6.宁夏回族自治区：法定婚假3天。

（二）已经取消了晚婚假，婚假超过3天的省市

1.上海市：法定婚假10天；

2.福建省：法定婚假15天；

3.山西省：法定婚假30天；

4.甘肃省：法定婚假30天。

（三）部分尚未取消晚婚假的省市

1.辽宁省：法定婚假3天，晚婚假7天，共10天；

2.江苏省：法定婚假3天，晚婚假10天，共13天；

---

① 本书仅体现部分地区的规定，具体情况请参照各地最新规定。

3.贵州省：法定婚假3天，晚婚假10天，共13天；

4.海南省：法定婚假3天，晚婚假10天，共13天；

5.吉林省：法定婚假3天，晚婚假12天，共15天；

6.湖南省：法定婚假3天，晚婚假12天，共15天；

7.吉林省：法定婚假3天，晚婚假12天，共15天；

8.内蒙古自治区：法定婚假3天，晚婚假12天，共15天；

9.青海省：法定婚假3天，晚婚假15天，共18天；

10.河南省：法定婚假3天，晚婚假18天，共21天；

11.陕西省：法定婚假3天，晚婚假20天，共23天；

（四）其他规定

1.中国人民解放军：法定婚假3天，晚婚假7天，共10天；

2.“港澳台”地区参照当地规定执行。

如果员工在A公司工作期间结婚，跳槽到了B公司，还能继续享受婚假吗？婚假是带薪休假，是企业给予员工的福利。员工在A公司结婚，让B公司来承担婚假不合适。

值得注意的是，婚假包括公休假和法定假；再婚者与初婚者一样可享受法定婚假。

四、丧假

员工的直系亲属（父母、配偶、子女）去世时，企业应该根据具体情况，酌情给予员工1—3天的丧假，丧假是带薪休假。

员工的非直系亲属（爷爷、奶奶，外公、外婆）去世的话，员工请假不属于丧假，可以请事假，意味着无薪休假。

有些企业采取人性化管理，对于往返路程较长的员工，批准1—2天的路程假期，员工的工资照发。往返路程假期时间具体如何规定，最好写入规章制度中。

五、年休假

依据国务院《职工带薪年休假条例》和人力资源和社会保障部《企业职工带薪年休假实施办法》规定，职工连续工作满12个月以上的享受带薪年休假。

（一）年休假计算方法

年休假的计算方法及年假的国家规定如下：

1. 员工累计工作满1年不满10年的，年休假5天；

2. 员工累计工作满10年不满20年的，年休假10天；

3. 员工累计工作满20年的，年休假15天。

（二）累计工作时间

带薪年休假天数根据员工累计工作时间确定，员工在同一企业和不同企业工作期间，都应当计为累计工作时间。

HR可以根据员工的档案记载、企业缴纳社会保险费记录、劳动合同或者其他具有法律效力的证明材料确定累计工作时间。

（三）年休假的审批

1. 员工的年休假是否与法定节假日连休，由企业决定。

2. 企业根据生产、工作的具体情况，并考虑员工本人意愿，统筹安排员工年休假，不能出现因休假而影响工作的情况。

3. 年休假在一个年度内可以集中安排，也可以分段安排，一般不跨年度安排。企业因生产、工作特点确有必要跨年度安排员工年休假的，可以跨一个年度安排。

4. 企业确因工作需要不能安排员工休年假，经员工本人同意，可以不安排员工休年假。对员工应休未休假天数，应当按照日工资收入的300%支付年休假工资补偿。

5.企业安排员工休年休假，但是员工因本人原因且书面提出不休年休假，企业可以只支付其正常工作期间的工资收入。

工具11:《带薪年休假核定确认单（入职）》

《带薪年休假核定确认单（入职）》

姓名		部门	
入职日期		入职前累计工作年限	
本年度应休年假天数			
说明	以此单据作为确定年假休假事实的唯一凭证		
员工确认:		年　　月　　日	

（四）员工有下列情形之一，不再享受当年的年休假

1.员工依法享受寒暑假，其休假天数多于年休假天数的；

2.员工请事假累计20天以上，且企业按照规定不扣工资的；

3.累计工作满1年不满10年的员工，请病假累计2个月以上的；

4.累计工作满10年不满20年的员工，请病假累计3个月以上的；

5.累计工作满20年以上的员工，请病假累计4个月以上的。

（五）离职员工年假计算

1.企业与员工解除或者终止劳动合同时，当年度未安排员工休满应休年休假的，应当按照员工当年已工作时间折算应休未休年休假天数，并支付未休年休假工资报酬，但折算后不足一整天的部分，不支付未休年休假工资报酬。

2.年休假规定的折算方法为：（当年度在本企业已过日历天数 ÷ 365天）× 员工本人全年应当享受的年休假天数 – 当年度已安排年休假天数。

3.企业当年已安排员工年休假的，多于折算应休年休假的天数不再扣回。

工具12：《带薪年休假核定确认单（离职）》

《带薪年休假核定确认单（离职）》

姓名		部门	
离职日期		本年度应休年假天数	
带薪年休假 （员工填写）	本年度已休年假（　　天）		
	本年度未休年假（　　天）		
年假未休的原因	□单位已安排休假，本人自愿放弃 □公司规定员工应当申请年休假，但本人尚未申请 □其他		
未休年休假的处理	□已经支付正常工作期间的工资，不再另行支付未休年休假工资报酬 □按照基本工资的200%支付未休带薪年休假工资报酬 □安排于　年　月　日至　年　月　日期间休完剩余年休假 □无未休带薪年休假，无需处理 □其他		
说明	以此单据作为确定年假休假事实的唯一凭证		
本人认可上述情况及处理结果，员工确认：　　　　年　月　日			

（六）女职工休完产假后，可以休年假

产假是对女职工的一种特别规定，是一种特殊的权利；年休假是针对职工的一种普遍规定，是一种普通的权利。

对于女职工而言，不能因享受特殊规定的权利，而丧失普通权利。女职工带薪休年假的权利，不应该被产假剥夺。如果因经营无法安排女职工休年假的，可以给予年假天数 × 日均工资300%的工资抵扣。

表6-4　常见五种休假规定

假期类别	假期长短	是否含节假日	休假依据	休假条件	工资待遇	备注
病假	假期长短根据国家相关法律法规规定执行	包含	县级以上医院证明	患病或非因工负伤	按当地最低工资标准的80%发放	病假工资也可以在个人底薪的60%—100%之间，主要看企业的规定

续表

假期类别	假期长短	是否含节假日	休假依据	休假条件	工资待遇	备注
婚假	3—30天 依据当地政策决定	包含	结婚证	女20周岁；男22周岁以上	发放全薪	婚假应当在登记结婚当年或次年一次或分两次休完，逾期不休或少休的，算自动放弃，公司不另支付工资进行补偿。再婚也可以享受婚假
丧假	3天	不含		直系亲属去世（父母、配偶、子女）	发放全薪	一般情况下为3天，单边路程在500公里以上的增加2天路程假。非直系亲属去世按事假办理
事假	根据企业规定执行： 当月事假不超过5天，全年累计不超过15天		请假条		无薪	2小时以上为事假，不足半天按半天计算
年休假	0—15天	不含	根据社保缴纳年限计算	员工连续工作一年以上的	发放全薪	职工累计工作已满1年不满10年的，年休假5天；已满10年不满20年的，年休假10天；已满20年的，年休假15天

如表6-4所示，对于5种常见休假假期长短、是否含节假日、休假依据、休假条件、工资待遇等规定，HR需要结合所在地区相关法律法规和企业的实际情况，来制定员工休假制度。

• 给HR的温馨提示：

1. 员工因个人或家庭原因需要请假的，可以提前申请事假。事假一般以“天”或“小时”作为计量单位。

2. 员工患病或非因工负伤治疗期间，提供医院出具的诊断证明的话，可以申请病假。

3.婚假和晚婚假是带薪休假，我国各地区婚假天数不完全一样。

4.企业员工的直系亲属（父母、配偶、子女）死亡时，企业应该根据具体情况，酌情给予员工1—3天的丧假，丧假也是带薪休假。

5.员工连续工作满12个月以上的应当享受带薪年休假。员工的累计工作时间可以根据档案记载、企业缴纳社会保险费记录、劳动合同或者其他具有法律效力的证明材料确定。

第四节 | 一张图秒懂女职工“三期”休假

随着国家优化生育政策的全面实施，“三期”女职工的管理问题又一次成了社会关注的焦点。

女职工“三期”指的是企业女职工孕期、产期、哺乳期。孕期，是指妇女怀孕期间，起算点一般按照医学上的解释确定，终止于女职工终止妊娠的时间点。产期，通常是指女职工因生产而依法享有产假的期间。哺乳期，是指哺乳1周岁以内的婴儿的时间。

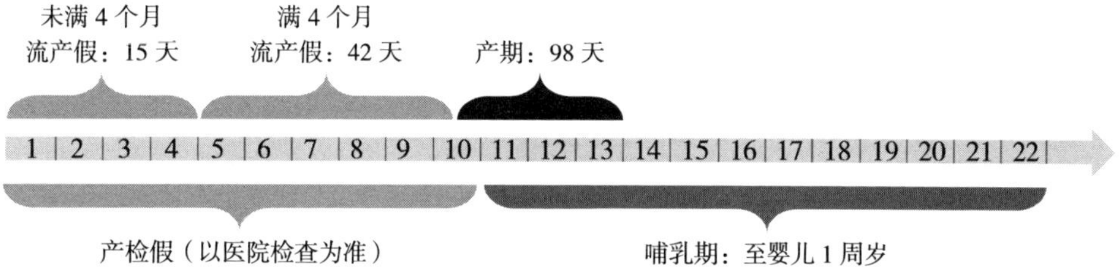

图6-1　女职工“三期”休假图[①]

一、孕期休假的相关政策

（一）产检假

法律并没有对女职工产检次数进行限制。只要是准妈妈正常、必要的产检，

① 本图依《女职工劳动保护特别规定》产假规定所画。不过，《女职工劳动保护特别规定》是国家基础性规定，各省（市/区）结合本地情况，实际的产假天数存在不同。如北京、上海，在国家规定的产假外，可享受延长生育假60日。河北在国家规定的产假外，生育第一个、第二个子女的可延长产假60天，生育第三个以上子女的可延长产假90天。

都应该计入劳动时间。产检假按正常出勤算，不能按病假、事假、产假、旷工等来算。特别对在生产第一线的女职工，要相应地减少生产定额，以保证产前检查时间。

女职工进入孕期需要建围产卡及定期产检，企业一般会规定孕期的产检假为每月1次；产前2个月开始每2周一次，每次0.5天。若企业所在地偏远，每次1天。

（二）流产假

根据《女职工劳动保护特别规定》第七条第二款规定，女职工怀孕未满4个月流产的，享受15天产假；怀孕满4个月流产的，享受42天产假。

（三）孕期特别的保护规定

1.不得安排孕期职工从事国家规定的孕期禁忌从事的劳动。

2.不能适应原劳动的“三期”女职工，应当根据医疗机构的证明，予以减轻劳动量或者安排其他能够适应的岗位。

3.怀孕不满3个月和7个月以上的，不得延长劳动时间或者安排夜班劳动，并每日安排不少于1小时工间休息。

4.怀孕不满3个月需要保胎休息或者怀孕7个月以上，且上班确有困难的，应当根据医疗机构的证明安排其休息，减少劳动量。

二、产期休假的相关政策

产假是指在职女职工产期前后的休假待遇，一般从分娩前一段时间开始，至产后一段时间结束。

案例

王某遵医嘱在预产期前15天经A公司批准休产假，30天后产下一男婴。产后第68天，A公司提出其已休足98天产假，发通知要王某上班，否则逾期将按旷工处理，后果自负。但王某认为产假98天，其中产前休假15天，产后休假83天，现在其产后未休满83天，拒绝上班。A公司就按照企业规章制度，以王某连续旷工3天为由，对王某作出违纪辞退的决定。王某不服，向当地劳动争议仲裁委员会申请仲裁。

案例解析

本案的争议焦点是产假98天应如何计算？《女职工劳动保护特别规定》中有明文规定：女职工生育享受98天产假，其中产前可以休假15天。而规定产假为98天，是为了能保证产妇恢复身体健康，因此，休产假不能提前或推后。由此可见，女职工产后休假应休满83天。

由于预产期只是一种预测，实践中很难保证产前恰好休15天，产后恰好休83天，为此原劳动部《女职工劳动保护规定问题解答》规定：若孕妇提前生育，可将不足的天数和产后假合并使用；若孕妇推迟生育，可将超出的天数按病假处理。王某产前实际休假30天，推迟生育15天，按照产后应休满83天计算，还应再休15天，由于产假总天数为98天，那么超出的这15天可“按病假处理”。

产假的计算要根据情况具体分析，不能笼统地将逾期天数都认定为旷工，此案中A公司以王某旷工为由予以辞退，显然是错误的。

（一）产假

女职工在产假期间，企业不得降低其工资、辞退或者以严重违反企业规章制度以外的其他形式解除劳动合同。

女职工生育享受98天产假，其中产前可以休假15天；难产的，增加产假15天；生育多胞胎的，每多生育1个婴儿，增加产假15天。

对于怀孕7个半月以上的女员工，有些地方规定可以向企业申请产前假，则企业按当地规定执行即可。但是，需特别注意的是：产前假系地方规定的休假类型，而非产假中的产前休假，两者的法律性质截然不同。

1.一般实践中，产假包含法定节假日和公休日。

2.产前假一般不得放到产后使用，若孕妇提前生产，可将不足的天数和产后假合并使用；若孕妇推迟生产，可将超出的天数按病假处理。

3.休产假不能提前或推后。国家规定产假98天，是为了能保证产妇恢复身体健康，企业不能强迫未休完产假的女职工上班。

值得注意的是，各地区的《人口与计划生育条例》对产假还有更多不同的具体规定。比如，北京市规定生育子女的夫妻，女方除享受国家规定的产假外，享受延长生育假60日。

（二）产前假

产前假，是女职工在家待产期，不包括法定的产前假15天。一般是怀孕女职工基于个人身体状况考虑，在预产期来临前选择不再继续上班，而向企业请假在家待产。

对于产前假的相关内容，没有明确统一的规定，企业一般依据孕期女职工的预产期、身体状况、医院证明等予以人性化处理。

工具13:《女职工“三期”确认单》

《女职工“三期”确认单》

<table>
<tr><td>姓名</td><td></td><td>部门</td><td></td><td>职位</td><td></td></tr>
<tr><td>“三期”时间</td><td colspan="5">孕　　期:____年____月____日至____年____月____日
生产日期:____年____月____日
哺 乳 期:____年____月____日至____年____月____日</td></tr>
<tr><td>请（休）假类型</td><td colspan="5">□产检假　□保胎假　□产假　□哺乳假　□流产假　□节育假
□其他________</td></tr>
<tr><td rowspan="2">休假时间及证明</td><td colspan="5">自____年____月____日至____年____月____日，共____天</td></tr>
<tr><td colspan="5">证明材料:

员工签字:
年　　月　　日</td></tr>
</table>

续表

部门负责人意见	意见： 负责人签字： 年　月　日
人力资源部意见	意见： 负责人签字： 年　月　日
主管领导意见	意见： 领导签字： 年　月　日

备注：

1. 女工“三期”因故请假须事先填写请假单并办妥请假手续后，方可离开工作岗位。如遇特殊情况不能亲自办理请假手续者，须于当日内委托同事、亲属或以电话报告部门主管获得批准并于假期届满后上班的第一天办理补假手续。
2. 未经核准而先行离开工作岗位，或假期已满未准续假仍不上班者以旷工论处。
3. 谎报请假事由经查实者以旷工论处。
4. 请假须依规定提供相关病历资料及证明文件。
5. 员工应按照假期届满上班时间准时上班，公司不再另行通知。

三、哺乳期休假的相关政策

（一）哺乳假

国家规定有不满1周岁婴儿的女职工，其所在企业应当每天给予其两次哺乳含人工喂养时间，每次30分钟。多胞胎生育的，每多哺乳一个婴儿，每次哺乳时间增加30分钟。女职工两次哺乳时间可以合并使用，哺乳时间以及在哺乳往返途中时间计入劳动时间。

在实操中，有许多企业采用灵活处理的办法，即在不影响工作的情况下，把哺乳时间集中在一个时间段给予女职工休假。对此，具体要各企业灵活把握，如果要采用哺乳期集中休息，可在规章制度中说明清楚。

女职工哺乳期，企业不得降低其工资、辞退或者以严重违反企业规章制度以外的其他形式解除劳动合同。

（二）女职工在哺乳期禁忌从事的劳动范围

1.孕期禁忌从事的劳动范围的第一项、第三项、第九项；

2.作业场所空气中锰、氟、溴、甲醇、有机磷化合物、有机氯化合物等有毒物质浓度超过国家职业卫生标准的作业。

特别提醒，女职工“三期”规定虽然有国家层面的政策总指引，但各省各地都有相应的政策颁布，按照涉及员工利益的事项若有多个法规同时提到，则服从“就高不就低”的原则，企业在制定内部制度时需要同时参考对比国家、省、市的相关规定。

四、准爸爸的陪产假

陪产假是由产期女职工的配偶所享受的假期，主要目的是让准爸爸更好地看护、照料准妈妈。

陪产假最短7天，最长则达30天，具体参考各地区陪产假相关规定。

表6-5　女职工“三期”休假一览表

假期类别	假期长短	是否含节假日	休假依据	休假条件	工资待遇	备注
产假	基本产假：98天	包含	结婚证、生育证	国家计划生育政策内	生育津贴	对于各种奖励假期，依照当地政策执行
	难产增加15天	包含	医院证明	国家计划生育政策内		
	多胞胎每多一胎增加15天	包含	医院证明	国家计划生育政策内		

续表

假期类别	假期长短	是否含节假日	休假依据	休假条件	工资待遇	备注
流产假	15天	包含	结婚证、医院相关证明	怀孕未满4个月	生育津贴	已婚已育妇女只享受一次流产假，已婚未育妇女每年可享受一次流产假
	42天	包含		怀孕4个月以上		
产检假	15天	不含	医院相关证明	怀孕1—7月：每月1天 怀孕8月：每月2天 怀孕9月及以上：每月4天（2天含预产期）	发放全薪	凭相关证明分月享受产检假
哺乳时间	1小时/天		出生证明	哺乳1周岁以内婴儿	发放全薪	
陪产假	依照当地政策、法规执行	包含	结婚证、生育证、出生证明	国家计划生育政策内	发放全薪	男员工享受

• 给HR的温馨提示：

1. 产检假按正常出勤算，不能按病假、事假、产假、旷工等来算。

2. 女职工怀孕未满4个月流产的，享受15天产假；怀孕满4个月流产的，享受42天产假。

3. 女职工生育享受98天产假，其中产前可以休假15天；难产的，增加产假15天；生育多胞胎的，每多生育1个婴儿，增加产假15天。

4. 对哺乳未满1周岁婴儿的女职工，企业不得延长劳动时间或者安排夜班劳动。企业应当在每天的劳动时间内为哺乳期女职工安排1小时哺乳时间；女职工生育多胞胎的，每多哺乳1个婴儿每天增加1小时哺乳时间。

第七章

薪酬管理的风险

第一节 | 税前工资和税后收入

工资就是企业依据法律规定或者协议约定，以货币形式直接支付给员工的劳动报酬。

一、工资的范畴

（一）工资包括的项目

工资包括6个部分：计时工资、计件工资、奖金、津贴和补贴、延长工作时间的工资报酬，以及特殊情况下支付的工资。

1.计时工资：按计时工资标准和工作时间支付的劳动报酬。

（1）对已做工作按计时工资标准支付的工资；

（2）实行结构工资制的企业支付给员工的基础工资和职务（岗位）工资；

（3）新员工的见习工资；

（4）运动员的体育津贴。

2.计件工资：对已做工作按计件单价支付的劳动报酬。

（1）实行超额累进计件、直接无限计件、限额计件、超定额计件等工资制，按劳动部门或主管部门批准的定额和计件单价支付给个人的工资；

（2）按工作任务包干方法支付给个人的工资；

（3）按营业额提成或利润提成办法支付给个人的工资。

3.奖金：支付给员工的超额劳动报酬和增收节支的劳动报酬。

（1）生产奖；

（2）节约奖；

（3）劳动竞赛奖；

（4）机关、事业单位的奖励工资；

（5）其他奖金。

4.津贴和补贴

（1）补偿员工特殊或额外劳动消耗的津贴，如：夜班津贴、高温津贴；

（2）保健性津贴，如：医疗卫生津贴、特殊保健津贴；

（3）技术性津贴，如：特级教师补贴、科研津贴；

（4）年功性津贴，如：工龄津贴、教龄津贴和护士工龄津贴；

（5）其他津贴，如：伙食津贴、合同制员工的工资性补贴以及书报费。

5.延长工作时间的工资报酬：指按规定支付的加班工资。

6.特殊情况下支付的工资

（1）根据国家法律、法规和政策规定，因员工生病、工伤、产假、计划生育假、婚丧假、事假、探亲假、定期休假、停工学习、执行国家或社会义务等原因，按计时工资标准或计时工资标准的一定比例支付的工资。

（2）附加工资、保留工资。

（二）工资不包括的项目

1.企业支付给员工个人的社会保险福利费用（如，丧葬抚恤救济费、生活困难补助费、集体福利事业补贴、工会文教费、集体福利费、探亲路费、冬季取暖费、上下班交通费、因工负伤医疗期间的伙食补助、洗理费）；

2.劳动保护方面的费用（如，企业支付给员工的工作服、解毒剂、清凉饮料费用）；

3.未列入工资总额的各种劳动报酬及其他劳动收入（如，根据国家规定发放的创造发明奖，国家星火奖、自然科学奖、科学技术进步奖、合理化建议和技术改进奖等，以及稿费、讲课费、翻译费）；

4.离退休、退职人员待遇的各项支出；

5.非雇佣性劳务报酬；

6.租赁经营单位的承租人的风险性补偿收入；

7.员工购买本企业股票和债券支付的股息和利息；

8.解除劳动合同时支付的费用；

9.应建立雇佣关系而支付给劳动部门的各种费用；

10.支付给参加企业劳动的在校学生的补贴。

（三）最低工资

最低工资标准指员工提供了正常劳动的前提下，企业依法应支付的最低劳动报酬。最低工资标准一般采取月最低工资标准和小时最低工资标准两种形式，月最低工资标准适用于全日制就业员工；小时最低工资标准适用于非全日制就业员工。

对于最低工资是员工的应发工资，还是实际发到手的工资，各地的规定有所不同。涉及员工个人承担的社会保险（住房公积金）是否归于最低工资标准当中，主要有以下五种情况。

情况一：最低工资不包括社会保险费和住房公积金（如，北京、上海、安徽）；

情况二：最低工资不包括住房公积金（如，江苏）；

情况三：最低工资包含“三险一金”（如，新疆）；

情况四：最低工资包括个人应缴纳的社会保险费（如，江西、湖南、宁夏）；

情况五：最低工资包括个人应缴纳的社会保险费和住房公积金（如，重庆、四川、山东、浙江、河北、内蒙古、贵州、云南）。

根据《最低工资规定》第十二条规定[①]，下列各项不作为最低工资的组成部分：

1.延长工作时间工资；

2.中班、夜班、高温、低温、井下、有毒有害等特殊工作环境、条件下的津贴；

---

① 《最低工资规定》第十二条规定，在劳动者提供正常劳动的情况下，用人单位应支付给劳动者的工资在剔除延长工作时间工资，中班、夜班、高温、低温、井下、有毒有害等特殊工作环境、条件下的津贴，法律、法规和国家规定的劳动者福利待遇等各项以后，不得低于当地最低工资标准。

3.法律、法规和国家规定的员工福利待遇等。

二、税前工资与税后收入

由于社会保险费、住房公积金以及个人所得税的存在，员工的税前工资和税后收入之间存在一定数额的差别。

（一）“五险一金”

1.“五险一金”必须缴

企业必须依法为劳动者参加社会保险，员工个人需要依法缴纳基本养老保险费、基本医疗保险费和失业保险费。所以，从员工缴纳社保费的角度，应该是“三险一金”的费用。

《住房公积金管理条例》第十五条第一款规定，单位录用职工的，应当自录用之日起30日内向住房公积金管理中心办理缴存登记，并办理职工住房公积金账户的设立或者转移手续。在法律术语中，“应当”是“必须”的意思，住房公积金属于强制缴纳范围，公积金与社保必须同时缴纳。

2.住房公积金的缴存比例

多地规定，企业可以自主决定住房公积金，缴存比例均不得高于12%，不得低于5%。

住房公积金对税后收入会带来直接的影响，缴存比例越高，员工缴纳的公积金就越多，工资扣除得也就越多，员工到手的相应工资就变少了。当然，公积金由单位和个人共同缴纳，你缴得越多，单位为你缴得也越多，你的公积金总额也越多。

（二）个人所得税

1.个人所得税缴纳范畴

《个人所得税法》第二条规定，下列各项个人所得，应当缴纳个人所得税：

（1）工资、薪金所得；

（2）劳务报酬所得；

（3）稿酬所得；

（4）特许权使用费所得；

（5）经营所得；

（6）利息、股息、红利所得；

（7）财产租赁所得；

（8）财产转让所得；

（9）偶然所得。

居民个人取得前款第一项至第四项为综合所得，按纳税年度合并计算个人所得税；非居民个人取得前款第一项至第四项所得，按月或者按次分项计算个人所得税。纳税人取得前款第五项至第九项所得，依照法律规定分别计算个人所得税。

2.个人所得税的计算

自2019年1月1日起，新个税法施行内容主要有以下三点：

（1）个税起征点为5000元。

（2）增加了专科附加扣除项目（子女教育、大病医疗、赡养老人、继续教育、租房以及房贷利息）。

（3）更改了阶梯式个人所得税税率的间距。

个人所得税=［税前收入-5000元（起征点）-专项扣除（“三险一金”等）-专项附加扣除-其他扣除］×适用税率-速算扣除数

表7-1 个人所得税税率表及速算扣除数

级次	全月应纳税所得额	税率	速算扣除数
1	不超过3000元的	3%	0
2	超过3000元至12000元的部分	10%	210
3	超过12000元至25000元的部分	20%	1410
4	超过25000元至35000元的部分	25%	2660

续表

级次	全月应纳税所得额	税率	速算扣除数
5	超过35000元至55000元的部分	30%	4410
6	超过55000元至80000元的部分	35%	7160
7	超过80000元的部分	45%	15160

如表7-1所示，“应纳税所得额”为月薪扣除起征点数额后的金额。需要注意的是，个人所得税采用7级超额累进税率，而不是全额累进税率。

（三）税前工资与税后收入

1.税前工资

税前工资又叫应发工资，包括计时工资或者计件工资以及奖金、津贴和补贴等货币性收入。

税前工资（应发工资）=基本工资+奖金+津贴或者补贴+加班加点工资+特殊情况下支付的工资-员工因个人原因缺勤或旷工造成的工资或者奖金减少的部分

2.税后工资

税后工资又叫实发工资，即员工应当实际得到或者企业应当实际支付给员工的工资报酬。

税后工资（实发工资）=应发工资-五险一金个人缴纳部分-应缴个人所得税

案例

小陈在2021年9月应发工资为8000元，假设他需要缴纳各项社会保险金1000元，在没有专项附加扣除的前提下，他的税后工资是多少呢?

案例解析

第一步：由税前工资计算个人所得税应纳税所得额

全月应纳税所得额=税前工资-5000元（起征点）-专项扣除（“三险一金”等）-专项附加扣除-依法确定的其他扣除。通过计算，应纳税所得额为2000元，适用税率3%，速算扣除数为0。

第二步：计算个人所得税

个人所得税=全月应纳税所得额×税率–速算扣除数=2000元×3%=60元。

第三步：计算税后收入

税后收入=应发工资–各类保险–缴税=8000元–1000元–60元=6940元。

对于员工来说，采用超额累进税率的好处就是需要交的税会更少；对于企业来说，支付给员工的薪资、社保成本还只是“显性成本”，还有很多隐性成本要考虑进去。

一些企业为了留住员工，以“账外发工资，报销过路过桥费，发放奖金”等违法方式规避个人所得税，再通过其他非法操作平衡成本，这种操作，不但逃不掉个人所得税，反而会付出缴纳滞纳金和巨额罚款的代价。

三、工资支付的风险

（一）保存工资单

1.工资单保存两年

企业支付工资应当编制工资支付表，并向员工提供工资单。企业必须书面记录支付员工的姓名、工资数额、时间等，并保存至少两年[①]。

现在很多企业都是由银行代发工资，从法律风险角度考虑，仍建议保存员工签名的支付凭据（如工资单），工资单也要能体现出企业是否按劳动合同规定的时间发放工资。一旦发生劳动争议，工资单支付凭证可以作为劳动仲裁的重要证据。

---

① 《工资支付暂行规定》第六条第三款规定，用人单位必须书面记录支付劳动者工资的数额、时间、领取者的姓名以及签字，并保存两年以上备查。用人单位在支付工资时应向劳动者提供一份其个人的工资清单。

2. 工资单的组成

一般来说，工资单通常包括员工基本信息、应发工资、扣减款项和实发工资4个部分。

（1）员工基本信息：工号、姓名、职位、出勤天数、发放时间；

（2）应发工资：基本工资、职务工资、绩效工资、学历工资、工龄工资、福利费、加班工资（根据企业实际工资而定）；

（3）扣减款项：五险一金、个人所得税、其他应扣减款项；

（4）实发工资：应发工资减去扣减款项后的数额。

工资单不仅能反映员工每月工资总额，还能判断其实际收入是否低于最低工资标准，企业有没有在工资中扣除员工的养老保险、医疗保险、工伤保险、失业保险、住房公积金以及个人所得税。

另外，建议HR每年让员工本人确认企业如实发放了法定工资、约定工资及福利。在员工离职时，对符合发放条件的提成工资进行结算，并依法签署《薪资支付情况确认单》，避免日后出现争议。

工具14:《薪资支付情况确认单》

《薪资支付情况确认单》

本人__________（身份证号:______________________________）确认:

截至____年____月____日前在______________________公司工作期间，本人对公司支付给本人的薪资项目（结构）及各项数额均没有异议，本人在此确认公司已依法按照劳动合同及相关规定履行了企业的各项义务。

本人确认如下事项:

1. 本人对公司支付给我本人的薪资项目（结构）及各项数额均没有异议；

2. 公司已依法及时足额向我支付了各项劳动报酬及福利待遇（包括但不限于工资、加班费、提成、奖金、补贴等）；

3. 所有加班均已相应调休或支付加班费，不存在未结加班费事宜；

4.年休假已全部休完或已获得了相应的未休年休假工资报酬；

5.公司已经依法足额为我缴纳了社会保险及公积金。

签字确认：

____年____月____日

（二）不得克扣或拖欠员工工资

1.工资至少每月支付一次

工资应当支付给员工本人，至少每月支付一次，实行周、日、小时工资制的可按周、日、小时支付工资。

有些企业遇节假日或休息日，延后支付工资，这属违法行为。如遇节假日或休息日，则应提前在最近的工作日支付。

2.不得克扣员工工资

以下7种克扣员工工资的行为是违法的。

（1）上班迟到被扣工资，扣款金额超出员工的日薪；

（2）企业为了避免员工请假，规定员工请假期间要被扣除正常日薪或者3倍以上的日薪；

（3）企业为了避免员工流失或辞职，克扣员工薪资；

（4）企业因为效益亏损克扣员工工资；

（5）员工因为工作业绩未达标被倒扣工资；

（6）女职工产检按请事假处理，被扣工资；

（7）员工工作失职导致企业经济损失的，企业可根据实际情况扣除工资，但每月扣除金额超过月薪的20%。

3.不得无故拖欠员工工资

企业在规定的时间无正当理由，工资发放推迟30天以上，故意不支付工资给员工，就构成拖欠。

有些企业确有无法克服的实际困难（生产经营困难、发生重大意外事件），需事先征得工会或员工本人同意，迟延支付工资。在非人力所能抗拒的原因或者资金周转困难等原因消失后，企业应当在合理时间内，及时支付拖欠的员工工资。时间过长，即丧失合理性，仍有被认定为无故拖欠工资的风险。

拖欠工资的企业，由劳动保障行政部门责令限期补发所欠工资，并视其欠付工资时间的长短，向员工支付赔偿金。欠付一个月以内、三个月以内、三个月以上分别支付所欠工资的20%、50%、100%的赔偿金。

• 给HR的温馨提示：

1.工资包括6个部分：计时工资、计件工资、奖金、津贴和补贴、延长工作时间的工资报酬，以及特殊情况下支付的工资。

2.税前工资又叫应发工资，税后收入是应发工资扣减五险一金、个人所得税等后的实发工资。

3.企业应按时发放工资，并且书面记录支付员工的姓名、工资数额、时间以及签字的工资单，并保存至少两年。企业不得克扣或拖欠员工工资。

第二节 | 员工拒缴社保，不能听之任之

社保征收越来越规范，征管手段更加信息化、更加精准化，也会更加透明化。

一、社保缴费与工资关系

1. 社保缴费基数

社保基数指员工在一个社保年度的社会保险缴费基数，一般来说，按照员工上一年度1月至12月的所有工资性收入所得的月平均额来进行确定。

2. 社保缴费基数的上限和下限

社保缴费基数仅与税前工资相关。当然，也不是工资越高，“五险一金”就越高。当工资到了一定数额时，“五险一金”缴纳的金额就固定了，这其实也是为企业减负的一种方式。

（1）员工工资收入低于当地上一年员工平均工资60%的，以当地上一年员工平均工资的60%为缴费基数。

（2）员工工资在60%—300%之间的，如实申报。

（3）员工工资收入高于当地上年度员工平均工资300%的，以当地上年度员工平均工资的300%为缴费基数。

比如，上海市社会保险的缴费基数的上下限是按照上一年度上海市社会平均工资来计算的，2021年上海社保缴费基数上下限分别为28017元、4927元。如果员工月薪30000元/月，高于28017元的社保缴费基数也只能按28017元缴纳；如果员工月薪4500元/月，低于4927元的社保缴纳基数应按4927元缴纳。因此，

HR需要参照所在各地区每年的社保缴费基数上限和下限规定。

3.社会保险缴费比例

社会保险包括养老保险、医疗保险、失业保险、工伤保险和生育保险。其中，养老保险、医疗保险和失业保险，由企业和个人共同缴纳保费；工伤保险和生育保险完全是由企业承担的，个人不需要缴纳。

社会保险费用=社保缴费基数×缴费比例

示例

保险类别	单位缴纳	个人缴纳
养老保险费	14%	8%
医疗保险费	9.9%	2%
失业保险费	0.5%	0.5%
工伤保险费	0.16—1.52%	/
生育保险费	1%	/

以上企业缴费和个人缴费比例只作为参考，HR需要结合所在各地区每年发布的最新社保比例而定。

4.社会入税的应对策略

2020年11月1日起，企业职工各项社会保险费交由税务部门统一征收。缴费单位和缴费个人应当以货币形式全额缴纳社会保险费。缴费个人应当缴纳的社会保险费，由所在企业从其本人工资中代扣代缴。企业要杜绝按照最低社保基数，或者拆分工资公私户来降低社保基数的做法。

区别	社保局征收模式	税务局征收模式
申报	主动向社保局申报+税务局代征	主动向社保局申报+税务局直征+数据对比
审查	社保审计+社保稽查	税务稽查
数据来源	企业提供	金税“三期”数据库

续表

区别	社保局征收模式	税务局征收模式
员工收入	不联网	全国联网
银行数据	查询困难	数据共享、查询方便
项目责任	无专人负责	税务主管员
法律责任	补缴+罚款+滞纳金	补缴+罚款+滞纳金

当然，按照员工实际收入来申报社保缴纳基数，无疑增加了企业的成本，以下给出4个应对策略。

（1）工资福利化

员工收入不仅有货币形式的工资还有非货币形式的福利。比如为员工提供住房或班车服务，这些没有货币化的福利，不属于社保基数范畴。

（2）引入股权激励

对于高能力、高收入的员工，企业可以实行股权激励制度，让员工变成企业所有人之一,一方面可以发挥员工积极性、主动性和主人翁意识，另一方面还可以降低社保缴费基数。

（3）缩减用工规模

对于劳动密集型企业，可以引入先进机器设备，提高生产效率，减少人工需求。

（4）探索灵活用工模式

除了传统的劳动关系，还有劳务派遣用工形式、非全日制用工形式、劳务用工形式等。用经营合作模式替代单一的劳务雇佣制，没有劳动合同就不会受到社保入税的影响。

二、员工拒缴社保，不能听之任之

社会保险从办理登记、缴费、发放社保费用到监督检查等，依法应当由社会保险行政部门负责和管理。员工请求企业补办社会保险手续、补缴社会保险费，不属于人民法院受理劳动争议案件的范围。

案例

宋某入职A公司时，出具《申请书》自愿放弃购买社会保险。半年后，宋某由于旧病复发，请假前往医院住院治疗，共花费医疗费96448元，该费用由宋某自行垫付。该医院出具《疾病诊断证明书》和《出院通知书》，医嘱建议全休三个月。

三个月后，宋某返回A公司上班，打算申请报销一部分医疗费用，A公司不同意支付，双方发生争议。

案例解析

本案的焦点在于，宋某放弃购买社保，A公司要不要承担责任。仲裁和一审法院认为公司未缴社保导致宋某不能报销医疗费，公司需承担责任。法院判A公司支付宋某医疗费56554.2元。

员工自愿放弃社保的承诺书，并不具有法律效力。企业不但不能由此而免除自己法定的缴费义务，一旦员工发生人身伤害构成工伤，企业还将面临更大的损失。

1.缴纳社保的正确方式

首先，企业申请办理本单位的社会保险登记，应自成立之日起30日内携带营业执照、登记证书或公章，向当地社保经办机构申请办理社会保险登记。

其次，企业申请办理员工的社会保险登记。企业应自用工之日起30日内为员工向社保经办机构申请办理社会保险登记。

最后，企业自行申报、按时足额缴纳社会保险费。社会保险费应以货币形式缴纳，且企业应将社保费用缴纳至当地社会保险费的征收机构。

2.员工拒缴社保，企业应及时与其解除劳动合同

可以在企业规章制度里面规定，员工拒缴社保，或不在规定时间内提供购

买社会保险资料，视为严重违反企业规章制度。企业首先发出《限期提交缴纳社保材料通知书》，对其进行催告，并保留催告证据。在员工明确拒绝的情况下，企业可以解除劳动合同，并不需要支付经济补偿金。

工具15：《限期提交缴纳社保材料通知书》

《限期提交缴纳社保材料通知书》

________先生/女士：

您于____年____月____日入职____________________有限公司（以下简称我公司）。现我公司需要为您办理社会保险缴纳手续，根据您的个人情况，请您配合提供如下材料：

1.身份证复印件（正反面）

2.户口本复印件

3.《就业失业证》

4.其他

5.其他

6.其他

上述所列材料，是为您办理社会保险缴纳手续所必需的材料，请您务必于收到此通知书后3日内一次性将上述材料提交我公司相关负责人员。如因您个人原因拒绝或迟延提交上述材料，从而导致我公司无法按时为您办理社保缴纳手续，所引起的一切后果由您个人承担，包括但不限于公司以不符合录用条件为由解除您的劳动合同、赔偿公司直接经济损失等。

特此通知。

我公司社保办理事宜联系人：____________；电话：________________。

公司（盖章）

____年____月____日

· 给HR的温馨提示：

1.社会保险缴费基数简称社保基数，是指员工在一个社保年度的社会保险缴费基数。它是按照员工上一年度1月至12月的所有工资性收入所得的月平均额来进行确定。

2.企业缴费和个人缴费比例，HR需要结合所在各地区每年发布的最新社保比例而定。

3.对于拒缴社保的员工，企业应及时与其解除劳动合同。

第三节 | 年终奖与“十三薪”要分清

一、年终奖与“十三薪”的区别

年终奖和“十三薪”均会在年底或次年初于月薪之外额外支付，“十三薪”更能体现激励的公平性，年终奖更能体现绩效考核的结果。

（一）年终奖与“十三薪”的计算基数

年终奖为奖金，纳入工资总额，年终奖不得以实物及有价证券替代货币支付。年终奖本身并不属于法定的劳动报酬，不具有强制性。因此，在年终奖发放与否、如何发放等问题上，企业具有一定的自主管理权。年终奖在计算基数方面，有一定的不确定性，一般会根据双方约定或结合单位经营情况和员工表现等综合决定。

“十三薪”属于劳动报酬的一部分，是公司将本应在12个月内平均发放的年薪，拆分为“十三薪”的形式发放。如果企业有明确规定，“十三薪”的计算基数按照规定执行；如果企业没有明确规定，按照员工当年平均工资作为计算基数。对于年中解除劳动合同而应当支付“十三薪”的员工，按照解除前员工12个月平均工资作为“十三薪”的计算基数。如果员工服务了一个完整的工作年度，企业就不得随意以经营困难或发放时员工不在职为由不予发放。

（二）年终奖与“十三薪”的计税方式

1.年终奖应缴纳税额

自2022年1月1日起，年终奖并入当年综合所得，计算缴纳个人所得税。简要计算方法如下。

年终奖应缴纳税额=年终奖×适用税率−速算扣除数

表7-2 个人所得税预扣率表

级次	累计预扣预缴应纳税所得额	预扣率	速算扣除数
1	不超过36000元的部分	3%	0
2	超过36000元至144000元的部分	10%	2520
3	超过144000元至300000元的部分	20%	16920
4	超过300000元至420000元的部分	25%	31920
5	超过420000元至660000元的部分	30%	52920
6	超过660000元至960000元的部分	35%	85920
7	超过960000元的部分	45%	181920

案例

王某每月工资减除“三险一金”之后是8000元，专项附加扣除为2520元，2021年获年终奖3万元。

案例解析

按照年终奖并入综合所得计税，其计算公式为：应纳税额=应纳税所得额×适用税率–速算扣除数。其中，应纳税所得额为并入综合所得计税的关键，其算法为居民个人的综合所得（包括年终奖）–基本减除费用6万元–专项附加扣除。

按此种方式计算，王某的年终奖应缴税额为（8000×12+30000–60000）×10%–2520=4080元，但考虑到王某每月个人综合所得已计入日常扣税，故减掉重复扣税的1080元，王某年终奖应缴税额为3000元。

2.“十三薪”应缴纳税额

“十三薪”则一般采用合并计税的方式，即将第13个月工资合并到12月工资中，与12月工资一起计算缴纳税费。

“十三薪”应缴纳税额=（工资+双薪–个税起征点）×税率

企业发放“十三薪”时，要考虑以下3个客观权重因素。

（1）入职时间：公平起见，入职时间的早晚，对年终奖会有直接的影响。比如：按月份权重、在职自然天数权重或者在职计薪天数权重等。

（2）出勤情况：直接综合考虑员工的请假等情况。权重=实际出勤计薪天数/应出勤计薪天数。

（3）工资权重：其他影响工资的因素。

二、员工离职后的年终奖发放

年末是员工跳槽的高峰期，企业为了防止员工年末集中跳槽，一般都将年终奖发放时间放在次年的3月或4月。奖金属于工资范畴，根据同工同酬原则，企业不应在资金方面对离职和在职员工之间作出差别性规定，HR要注意以下3个方面的问题。

1.企业规章制度中是否载明年终奖的计算方式、发放条件、计算标准等。其中，还应明确年终奖的考核周期，有的企业按照自然年度为考核周期；有的以每年3月至次年2月为考核周期。

2.企业与员工之间是否存在年终奖的约定。年终奖的发放方式一般通过劳动合同约定，也有按照往年年终奖发放情况来进行判断。如果企业是以自然年度作为年终奖的考核周期，且员工在考核周期内，并未出现不享受当年度年终奖的情形，仅因为员工离职不发放年终奖，这样的理由是站不住脚的。

3.年终奖是工资的一部分，属于劳动报酬的范围。如果企业在劳动合同或规章制度中规定了应何时发放年终奖，那么推迟年终奖的发放，无异于欠薪。

三、提成工资的支付争议

为了调动员工积极性，提升企业的营业额和利润，越来越多的企业依据按劳分配原则，采用按营业额提成或利润提成办法支付员工提成工资。由此不难看出，提成工资属于计件工资，是劳动报酬的一部分，亦是工资总额的组成部分。

（一）提成工资的性质

提成工资属于劳动报酬，因此劳动关系存续期间因拖欠提成工资发生争议的，员工申请仲裁不受一年仲裁时效期间的限制。劳动关系终止的，该仲裁申请应当自劳动关系终止之日起一年内提出，仲裁时效期间从当事人知道或者应当知道其权利被侵害之日起计算。

（二）提成工资的设定

法律对于提成工资的发放条件、计算方式、发放金额等并无明确规定，企业可根据生产经营特点和经济效益，自主确定工资分配方式和水平。

1.协商确定

企业就提成工资与员工进行协商，并通过录用通知书、劳动合同或提成协议等形式加以体现，该种方式灵活性较强。

2.制度规定

企业的提成协议和提成制度是提成工资的计算依据。

提成协议是企业与员工之间在劳动合同之外，另行签订的关于提成工资给付方案的协议。从性质上说，提成协议应属于劳动合同的附件，与劳动合同一并遵守。

提成制度是企业制定的提成发放的要求和规定。比如，有的企业要求销售人员先做出业绩，再根据合同总额、毛利、净利等计算；有的企业要等货款到账，才能支付提成工资；还有的企业把回款率作为提成的发放条件。

提成协议或提成制度应经职工代表大会或者全体职工讨论和协商确定，公示或者告知员工。若是发生劳动争议，企业应就提成工资制度、发放条件、计算标准等承担举证责任。

（三）提成工资的“四个明确”

1.明确提成适用范围

一般可分为部门提成和企业提成。

部门提成范围小，针对性强，更能调动员工的积极性。比如，如果销售部的营业额或利润额能够单独以部门计算的话，可以实行部门提成。

企业提成范围广，适用性强，更能立足于企业整体规划。如提成工资按企业整体计算，则可以实行企业提成。

2.明确提成基数

企业一般以利润额或营业额为提成基数，根据员工工作业绩、劳动成果计提，是按劳分配原则的体现。不论采用哪种表现形式，提成基数都应具体明确，不宜模糊不清或容易产生歧义。

3.明确提成方式

一般可分为全额提成和超额提成两种，两者的区别在于员工除提成工资外，是否还享有基本工资。

全额提成指员工没有基本工资，仅享有提成工资，将员工的工资全部与业绩挂钩，但应在保障最低工资的基础上浮动发放。

超额提成指员工有基本工资，仅对超额完成工作的部分计发提成工资。

4.明确提成比例

一般可分为固定比例和分档累进比例两种。企业可根据行业特点进行合理选择，分档累进比例比固定比例灵活性更强，更能激发员工的工作潜能。

在企业经营条件正常的情况下，员工努力提高工作质量、完成各项指标，提成收入随之提高。

（四）提成工资的七种计算方式

提成工资是企业根据员工工作成果以一定比例计发的，其具体计算需企业结合自身生产经营情况设定，有以下七种常见提成工资的计算方法。

1.按项目毛利率计算

比如，以项目毛利率（事先明确项目毛利率的计算方式）的15%作为项目组的提成工资，再按销售人员3%，技术支持12%的比例，按照项目成员的贡献程度计发提成工资。

2.按当月销售额计算

比如，当月销售额不超过10万元，则按照销售额的5%计算提成工资；当月销售额在10万元至20万元，则按照销售额的7%计算提成工资。

3.按产品价格计算

比如，原材料2万元/吨，按2%计发提成工资，若产品价格下浮，价格每下浮1%提成工资降低0.1%，价格每上浮1%提成工资提高0.03%。

4.按实际销售收入与成本开支差计算

比如，季度提成工资=（季度回款额-季度采购成本-季度税负-季度商务费用）×提成比例。

5.按回款额计算

比如，销售回款额达到80%时，按2%计发提成工资；回款额达到90%时，按3%计发提成工资；回款额达到100%时，按4%计发提成工资。

6.按固定金额计算

比如，房屋销售的提成工资为销售办公房屋为10000元/套，商铺为15000元/套。

7.按销售流程分阶段计算

比如，售前提成工资是在销售完成后计提销售额的1%，售后提成工资是在安装完成后再计提销售额的1%。

（五）离职员工的提成发放

提成工资的发放周期、发放时间可由企业自主决定，分为固定周期发放和非固定周期发放两种。固定周期发放是指发放周期较为固定，可按月、季度、半年或一年度计发。非固定周期发放是指发放周期不确定、不固定，无法准确预估，在条件成就时予以发放。

1.员工辞职的情形

员工因个人原因向企业主动提出辞职的，属于员工在明知离职不享受提成的情况下，仍然选择辞职，企业无需支付提成工资。

2.企业以员工违纪为由合法解除劳动合同的情形

因员工原因提前离职，离职并非企业原因造成，企业无需支付提成工资。

因企业原因导致员工提前离职，致使员工无法满足提成发放条件时，企业需支付提成工资。

• 给HR的温馨提示：

1.“十三薪”和年终奖在表现形式上具有类似性，均会在年底或次年初于月薪之外额外支付。“十三薪”更能体现激励的公平性，年终奖更能体现绩效考核的结果。

2.年终奖在计算基数上，带有一定的不确定性。“十三薪”的计算基数，按照企业规定执行或者按照员工当年平均工资作为计算基数。

3.提成工资是劳动报酬的一部分，是工资总额的组成部分。法律对于提成工资的发放条件、计算方式、发放金额等并无明确规定，企业可根据生产经营特点和经济效益，自主确定工资分配方式和水平。

第八章 员工调岗的风险

第一节 企业常见的三种调岗方式

第二节 员工调岗的四个风险点

第三节 员工拒绝调岗的应对策略

第一节 | 企业常见的三种调岗方式

企业基于生产经营和发展的需要，势必会出现业务调整、组织架构变动、办公地址搬迁、部门合并或分立等变化，从而引起员工的岗位调动、薪资调整、工作地点变动等较为普遍。

企业常见的调岗有三种：法定调岗、协商一致调岗和企业单方调岗。

一、法定调岗

（一）员工患病或者非因工负伤调岗

依据《劳动合同法》第四十条第一项规定[①]，在员工患病或者非因工负伤，在规定的医疗期满后不能从事原工作，或者员工不能胜任工作时的法定调岗权。

员工因病或非因工负伤需要住院治疗，医疗期满后员工参加复岗培训，若培训后经证实员工的身体条件，已经无法继续从事该岗位工作时，企业可以安排调岗。

实操中，一方面要明确员工是否已经无法从事原工作；另一方面企业另行安排的新岗位是否合理。与此同时，HR也要支持企业合理行使用工自主权，确

① 《劳动合同法》第四十条规定，有下列情形之一的，用人单位提前三十日以书面形式通知劳动者本人或者额外支付劳动者一个月工资后，可以解除劳动合同：（一）劳动者患病或者非因工负伤，在规定的医疗期满后不能从事原工作，也不能从事由用人单位另行安排的工作的；（二）劳动者不能胜任工作，经过培训或者调整工作岗位，仍不能胜任工作的；（三）劳动合同订立时所依据的客观情况发生重大变化，致使劳动合同无法履行，经用人单位与劳动者协商，未能就变更劳动合同内容达成协议的。

保员工调岗后的劳动强度低于原岗位，或者绩效标准低于原岗位。

（二）员工不能胜任工作调岗

员工不能胜任工作，调岗在实践中通常表现为降职，这种调岗不需要与员工协商一致，企业可根据实际情况自主安排。

如果经证实该员工无法胜任工作，企业在提供培训后，员工仍难以胜任，企业才可以调岗。当然，员工是否能够胜任工作要遵循统一的标准，要有严格合理的考核结果。企业可以从以下3个方面来考核员工能不能胜任工作。

1.依据岗位职责说明书确定的考核标准，且考核项评估可量化，考核结果才不容易被推翻。

2.岗位绩效考核内容详尽，包括岗位名称、考核范围、考核周期、考核项、考核分值解释、考核结果应用方式等。

3.企业有证据能够证明员工不符合胜任标准或者考核不达标，工作绩效或者业绩考核的结果公示，需要员工签字确认。员工如果拒绝签字，可采取其他形式送达。

二、协商一致调岗

调岗不管是平级调动、越级，还是跨部门调岗，都属于变更劳动合同的主要内容。

（一）企业因生产经营需要调岗

依据《劳动合同法》第三十五条第一款规定[①]，调岗属于变更劳动合同内容，要双方协商一致，签书面劳动合同变更协议。未经员工同意，企业单方面调整岗位，原则上是无效的。

---

① 《劳动合同法》第三十五条规定，用人单位与劳动者协商一致，可以变更劳动合同约定的内容。变更劳动合同，应当采用书面形式。变更后的劳动合同文本由用人单位和劳动者各执一份。

企业根据生产需要调岗，前提是劳动合同中工作岗位约定得比较宽泛，可以对员工的工作地点或工作岗位在较小的范围内变更。企业要尽量与员工协商一致，使得调岗对员工的不利因素降到最低，保证调岗的合理性。

（二）企业因实际履行进行调岗

员工工作岗位的确定应当以实际履行为原则。实际履行是指在劳动关系的建立、履行、变更、消灭的过程中，双方实际履行的内容构成法律调整的劳动关系双方的权利义务。

即使劳动合同中对岗位有宽泛的约定，也不意味着企业就可以随意对员工进行调岗。比如，有的企业在劳动合同中约定的工作岗位是“专员”，未明确是哪个部门的专员；有的企业与员工约定的工作岗位职能方向是“财务”，而未约定具体是财务总监还是财务主管，是出纳还是会计。

在具体调整时，还要以新岗位与原岗位职能、职责范围是否类似为依据。因此，调岗是否有效的关键在于，该岗位的调换是否构成劳动合同的变更。

1.劳动合同需变更的调岗情形

（1）合同中明确约定的特定岗位，且该岗位有专业技术特征或特殊资格要求的，调岗属于劳动合同变更。比如，把“技术人员”调岗至“财务”。

（2）新岗位的工作地点发生了明显变化，调岗属于劳动合同变更。比如，把员工常年指派到外地工作。

2.不构成劳动合同变更的调岗情形

（1）在同一生产线内或相同生产线之间的类似岗位，不同部门的通用岗位间进行岗位调换。

（2）企业临时性、短期性地指派员工至本企业其他部门支援工作或至企业外工作。

（3）企业在与员工存在关于“企业有权根据生产经营变化及员工的工作情况调整其工作岗位”的概括性调岗授权约定的情形下，享有对员工进行合理调岗的权限。

（三）客观情况发生重大变化

客观情况发生重大变化的主要有三种情形：法定情形、约定情形和特殊情形。

1.法定情形

依照企业破产法规定进行重整的；生产经营发生严重困难的；企业转产、重大技术革新或者经营方式调整导致原劳动合同无法继续履行等。

2.约定情形

在劳动合同中明确约定属于可以变更劳动合同的“客观情况发生重大变化”的情形。

（1）企业的原因。企业因经营战略、组织架构调整、部门重组、业务调整、生产任务调整等情形，导致企业履行劳动合同的客观条件发生变化，影响双方劳动合同的正常履行。

（2）员工的原因。如员工的身体健康状况发生变化、劳动能力部分丧失、所在岗位与其职业技能不相适应等，导致员工对原工作岗位不相适应时，需要进行调岗。比如，对视力有高要求的岗位，有严重近视的员工将会被调离岗位。

3.特殊情形

企业整体搬迁需要根据搬迁距离的远近、是否提供交通工具、是否调整上下班时间、是否给予交通补贴等因素，进行综合的比较和判断。一般而言，企业搬迁地址为同城区域，公共交通可以到达的，不属于“客观情况发生重大变更”；反之，则属于。

值得注意的是，如果企业不提前与员工沟通，单方面调整岗位，或者出于迫使员工离职的目的而调整岗位，员工是可以拒绝的。如果企业以员工不服从安排为由解除劳动合同，就属于违法解除。即使劳动合同写明，“员工必须服从企业的岗位调动，否则辞退无经济补偿金”，也构成违法解除，因为这样的条款不受法律保护。

三、企业单方调岗

（一）口头调岗超过一个月未主张

《最高人民法院关于审理劳动争议案件适用法律问题的解释（一）》第四十三条规定，用人单位与劳动者协商一致变更劳动合同，虽未采用书面形式，但已经实际履行了口头变更的劳动合同超过一个月，变更后的劳动合同内容不违反法律、行政法规且不违背公序良俗，当事人以未采用书面形式为由主张劳动合同变更无效的，法院不予支持。

实操中，企业“口头通知”员工调动工作岗位，可能未与员工达成书面的一致意见，员工虽不很情愿，但还是服从了安排。如果员工实际履行口头变更的劳动合同超过一个月，并已经领取了新入职岗位的工资待遇，则可以被认定双方已经就口头变更劳动合同达成了一致意见。如果员工此时起诉企业违法调岗，将得不到法院支持。

（二）因生产需要临时性调岗

对于临时性的岗位调整，法律并无明确的依据。企业根据用工自主权，因客观生产需要对岗位合理的临时性调整，员工应该服从安排。

（三）劳动合同或规章制度中有约定的调岗

当员工出现某种错误或某种违纪，企业可以根据劳动合同或规章制度，进行工作岗位调整。企业约定变更劳动合同的前提是合理合法，不存在欺骗或胁迫的情形。比如，企业在劳动合同中约定，“当员工结婚、生育或到达一定年龄后，企业可以单方调岗”，显然这是不合法的无效约定内容。

（四）离职前脱密期的调岗

根据《劳动部关于企业职工流动若干问题的通知》[①]第二条的规定，企业与掌握商业秘密的职工在劳动合同中约定保守商业秘密有关事项时，可以约定在

---

① 原劳动部现已整合为人力资源和社会保障部。

劳动合同终止前或该职工提出解除劳动合同后的一定时间内（不超过六个月），调整其工作岗位，变更劳动合同中相关内容。

对于涉及商业秘密的员工在离职前，企业有权对其进行调岗，将员工调整至非涉密岗位使其脱密。

• 给HR的温馨提示：

1. 法定调岗的情形包括：员工患病或者非因工负伤调岗，员工不能胜任工作调岗。

2. 协商一致调岗的情形包括：因生产经营需要调岗，因实际履行调岗以及客观情况发生重大变化进行调岗。

3. 企业单方调岗的情形包括：口头调岗超过一个月未主张的调岗，因生产需要临时性调岗，劳动合同或规章制度中有约定的调岗，以及离职前脱密期的调岗。

第二节 | 员工调岗的四个风险点

企业调岗时既要考虑保护员工合法权益，又要考虑合法的经营自主权及人事管理权，还要关注调岗合理性、女职工的“三期”调岗和集团内部调岗的风险点。

一、调岗的合理性

（一）调岗程序合理性

调岗属于与员工切身利益相关的重大事项，员工对调岗的各个方面都有知情权，企业调岗程序要公开、透明。

1.书面告知员工

企业有义务把相关事项告知员工，可通过《调整工作岗位通知书》进行书面通知，仅以口头方式通知员工调岗，显然是缺乏法律效力的。

2.给予员工考虑期限

企业在行使调岗权时，建议给予员工7天到10天的考虑期限。

3.企业回复员工

企业对员工的意见进行回应，包括被采纳的意见及未被采纳意见的合理解释。

4.给予员工适应期

企业对员工新岗位所需技能进行培训，帮助员工顺利适应新岗位。

工具16:《调整工作岗位通知书》

《调整工作岗位通知书》

________(先生/女士)(身份证号:×××××××××××):

经单位决定，向您发出调整工作岗位通知。

调岗理由:

☐不能胜任工作岗位;

☐医疗期满无法从事原工作;

☐违规行为;

☐本人申请;

☐其他:____________________

调整前岗位:____________________

调整后岗位:____________________

岗位调整后基本工资不变，岗位工资、福利待遇等相应调整。

请于接到本通知之日起____个工作日内到新岗位工作，如届时未到岗，公司将按照相关规定予以处理。

被通知人:____________________　　　　公司(盖章)

____年____月____日　　　　年____月____日

备注：本通知书一式两份，通知方与被通知方各执一份，具有同等效力。

(二)调岗内容合理性

企业在对员工的岗位进行调整时，应遵循合理性原则，包括调岗前后的工作岗位是否有关联、工资薪酬是否降低、工作地点是否明显不便等。

1.工作岗位及职责的合理性

(1)新岗位及职责是否符合、匹配员工的工作技能。即任职资格是否相似，企业对员工岗位的调整应根据员工的个人能力、长期工作表现、工作岗位是否为员工体能或技能所能胜任等方面综合考量。

（2）新岗位工作条件、工作强度是否适应于员工的身体状况。比如，是否存在从白班变成夜班的实质性变更。

（3）新工作岗位与原工作岗位原则上属于同一个企业主体。

（4）新岗位不应具备惩罚性或侮辱性质。比如，将部门经理调至前台，不应得到支持和认可。

2.薪资水平的合理性

（1）企业对员工进行调岗后，原则上员工的工资收入不得低于调岗前的工资收入；若是新岗位略低于原岗位的工资水平，调整幅度不能过大，两者之间应“基本相当”。

（2）新岗位工资待遇应符合企业的岗位职级与薪资标准的对应体系。若无制度规定和合同约定，调岗后的薪酬标准应当协商确定，HR应当与员工书面确定新的岗位与报酬标准。

（3）薪资幅度是否明显不合理地降低。企业降职、降薪则需要员工存在违法违纪、不胜任工作等理由。

3.工作地点的合理性

（1）新的工作地点与原岗位工作地点或劳动合同约定的工作地点保持一致或维持在合理距离范围内，可认定为不会对员工造成不便，这样才具有合理性。

（2）新工作地点超出劳动合同约定范围，且距原工作地点过远时，企业应提供一定的交通便利条件或福利。

二、调岗和调薪

在一般情况下，员工调到新岗位，薪酬应当根据新岗位的标准确定，否则有违“同工同酬”的原则，HR在调岗调薪时，应当注意以下4个方面。

1. 明确的岗位职系和薪酬对应标准

企业要量化岗位考核标准，薪酬与岗位进行挂钩管理。员工工资结构为基本工资、岗位工资、绩效工资。基本工资与考勤相联系，一般不进行调整；岗位工资随岗位变动而调整，只要调岗成功，调薪也会成功；绩效工资与员工绩效考核相关系，不需要进行调整工作岗位，也能起到降薪及给员工加压的作用。

2. 书面确定调岗协议书

明确员工在相关考核中成绩无法到达某个合理的标准时，企业有权利对员工进行岗位和报酬的调整。HR与员工可以通过《岗位调整协议书》书面确定哪些条件不符合，企业可以调整至哪些岗位，以及对应的薪酬标准。

工具17:《岗位调整协议书》

《岗位调整协议书》

甲方:____________________ 法定代表人:____________________

电话:____________________ 邮编:____________________

住所地:

乙方:__________ 性别:__________ 出生年月:____________________

籍贯:________省________市________县（或区）____________________

身份证号码:____________________ 电话:____________________

现住址:____

文书送达地址:____

经甲乙双方协商一致，乙方同意，符合下列任一情形的，甲方有权调整乙方工作岗位:

一、乙方岗位范围为:____________________，乙方同意，甲方有权在上述岗位范围内调整乙方工作岗位，该调整不属于变更劳动合同。

二、甲方根据生产经营的需要可以安排乙方完成临时性工作任务。

三、乙方同意，甲方有权根据甲方生产经营需要，且保证调整后的工作岗位的劳动待遇水平与原岗位基本相当（与原收入水平相差不超过20%）的情况下，适当调整乙方的工作内容或具体岗位。

四、乙方有下列情形之一的，甲方有权调整乙方工作岗位，乙方的薪酬标准自动调整为新岗位对应的薪酬标准：

1. 乙方不能胜任工作的：

（1）连续2个月或累计3个月未完成月任务业绩指标的；

（2）连续2次或累计3次绩效考核得分不足______分或不合格的；

（3）不能按要求完成劳动合同中约定或公司合理制定的相关任务的；

（4）不能完成同工种同岗位人员的平均工作量的80%的；

（5）其他不能胜任工作的情形。

乙方接受甲方安排业绩指标和进行各项考核，考核需要参考上级或同事意见，具有一定程度上的主观因素，乙方在此确认已知悉并认可甲方作出的考核结果。

2. 乙方不论何种原因连续______个月或一年内累计______个月未到岗上班，重新到岗上班时甲方已安排其他员工替代乙方原岗位的；

3. 乙方已不具备该岗位的任职资格的；

4. 根据乙方的身体或精神状况，不适宜在原岗位继续工作的；

5. 乙方的近亲属在甲方或甲方的关联公司工作，可能不利于甲方管理或可能损害甲方利益的；

6. 甲方规章制度规定或双方另行约定的其他情形；

7. 其他法律法规规定的用人单位可以单方调整乙方工作岗位的情形。

五、本协议一式二份，自双方签订之日起生效。

甲方：　　　　　　　　　　　　　　　　乙方：

年　月　日　　　　　　　　　　　　　　年　月　日

3.调整的幅度是否合理

（1）考虑调整的原因

只有在企业发生严重困难的情况下，才能够减员增效或者减资创效。

（2）考虑调整的幅度

调薪以不影响员工的基本生活为基本原则，要参考当地最低生活费用、城镇居民消费价格指数、职工个人缴纳的社会保险费和住房公积金、职工平均工资、经济发展水平、就业状况等因素。

4.考评或考核的结果让员工签字确认

在发生调岗情形时，企业对员工出具按考核制度和程序作出的考评或考核的结果，并让员工签字。若员工拒绝签字或者对此有异议，HR需对相关情况进行书面记录，并注意保留录音录像等证据。

三、女职工“三期”调岗

案例

李某入职A公司并签订了为期2年的劳动合同，岗位系办公室文员。李某因怀孕向A公司请了两周保胎假。休假结束，李某正常复岗工作。

A公司以李某工作表现不符合岗位职责为由，将其调整到销售岗位。李某不同意，认为自己怀孕无法完成销售任务。A公司以李某无视公司规章制度为由，要求其递交辞职报告。李某在被强迫调整岗位后向工会投诉，A公司辩称这是劝退，而不是辞退李某，没有违反法律规定。

案例解析

本案的焦点在于，A公司把李某从文员岗位调到销售岗位是否合法。为规避法律规定，A公司将怀孕的李某调整到工作相对繁重的销售岗位，再以李某不服从调整或者不能胜任工作岗位为由“劝退”，以达到辞退李某的目的。

《女职工劳动保护特别规定》第六条明确规定了孕期调岗的情形，即女职工在孕期不能适应原劳动的，企业应当根据医疗机构的证明，予以减轻劳动量或者安排其他能够适应的劳动，并征得女职工同意。A公司这种做法侵犯了女职工的调岗权利，属于违法调岗。

（一）“三期”女职工调岗不可调薪

女职工在孕期、哺乳期不能适应原劳动的，企业应当根据医疗机构的证明，予以减轻劳动量或者安排其他能够适应的劳动。

“三期”女职工的工作岗位可以调整，除非经女职工同意，否则不得调整薪酬。

女职工产假结束上班，应在原岗位工作，因企业原因使得女职工岗位发生变更的，企业必须与女职工协商一致。

（二）女职工在孕期禁忌从事的劳动范围

对于从事国家规定的孕期禁忌从事的劳动岗位上的女职工，经该职工申请，企业应将“三期”女职工从禁忌岗位调到非禁忌岗位。

1.作业场所空气中铅及其化合物、汞及其化合物、苯、镉、铍、砷、氰化物、氮氧化物、一氧化碳、二硫化碳、氯、己内酰胺、氯丁二烯、氯乙烯、环氧乙烷、苯胺、甲醛等有毒物质浓度超过国家职业卫生标准的作业；

2.从事抗癌药物、己烯雌酚生产，接触麻醉剂气体等的作业；

3.非密封源放射性物质的操作，核事故与放射事故的应急处置；

4.高处作业分级标准中规定的高处作业；

5.冷水作业分级标准中规定的冷水作业；

6.低温作业分级标准中规定的低温作业；

7.高温作业分级标准中规定的第三级、第四级的作业；

8.噪声作业分级标准中规定的第三级、第四级的作业；

9.体力劳动强度分级标准中规定的第三级、第四级体力劳动强度的作业；

10.在密闭空间、高压室作业或者潜水作业，伴有强烈振动的作业，或者需要频繁弯腰、攀高、下蹲的作业。

四、集团公司内部调岗

集团公司与子公司员工之间的调岗，常见的有以下三种情形。

情形一：集团公司能否将子公司的员工调至其他关联公司?

对员工来说，这种调动法律本质是旧劳动关系的解除、新劳动关系的建立。多数情况下，集团公司经常将一个子公司的员工调至另一个子公司，子公司会执行集团公司的意志，职工本人也会服从调动，很少存在争议问题。

关联公司之间虽然具有控股与被控股或上级与下级的关系，但公司都是独立的法人，应严格界定员工与公司之间的劳动关系，不能将用工混为一体，全部统一在集团公司的名下。

情形二：如职工不服从调令，集团公司能否进行强行调动?

劳动关系一经建立便受法律保护，任何一方当事人均不得随意解除或变更劳动合同。不论是子公司，还是集团公司在未与职工协商一致的情况下，没有法定事由，均不能单方解除或变更劳动合同。

如果职工不服从集团公司调令，集团公司应尊重员工的意愿，不能进行强行调动。否则，便侵害了员工的合法权益，属于违法行为。

情形三：职工不服从调动，企业是否因此取得单方解除劳动关系的权利?

如果企业以职工不服上级单位调动为由，单方解除劳动合同，或者通过拒绝员工到单位上班的方式，变相解除劳动合同，这些都是违法解除。为了维护和谐的用工关系，建议对劳动合同的内容进行变更时应该尽可能采取书面形式，这样才能最大限度地降低用工成本及风险。

• 给HR的温馨提示：

1.调岗的合理性包括调岗程序合理，调岗内容合理。

2.调岗和调薪要考虑4个方面：明确的岗位职系和薪酬对应标准、书面确定调岗协议书、调整的幅度是否合理、考评或考核的结果让员工签字确认。

3.女职工“三期”的调岗要格外注意，或与女职工协商一致调整岗位与薪酬，或者经考核不合格，调整工作岗位，调岗不调薪。

第三节 | 员工拒绝调岗的应对策略

劳动纪律是组织社会劳动的基础，是人们从事社会劳动的必要条件。劳动者必须遵守劳动纪律和用人单位的规章制度。

一、员工拒绝去新岗位上班

员工不服企业的调岗，有些员工不去企业上班，还有一些员工仍然待在原岗位上。那么，员工拒绝去新岗位上班，算不算旷工？岗位调整不具备合理性时，其劳动纪律处分也就失去了先行的依据。

情形一：在企业调岗不合法的前提下，员工不去企业上班或者不到新岗位任职，都不可认定为旷工。

情形二：在企业调岗合法的前提下，只要员工不去新岗位任职，不管员工是否去企业上班，都可以认定为旷工。

二、员工拒绝去新工作地点上班

1.调整工作地点要合法合理

企业调整工作地点的行为是否合法，关键还是要看企业调整后的工作地点是否会对原劳动合同的履行产生实质影响。

若企业对于工作地点的调整是合理的，不会给员工造成劳动合同履行困难，则调整工作地点不构成劳动合同内容变更，员工有义务配合企业的经营安排。

若企业滥用该约定，随意调整工作地点，给员工履行原合同造成影响，则不能以该约定作为合法理由。

2.调整工作地点要与员工协商

工作地点是劳动合同的必备条款，调整工作地点已构成劳动合同内容变更，企业需要事先与员工进行协商。

当双方无法达成一致的，企业可提前通知或支付代通知金后，在依法支付经济补偿金后，与员工解除合同。

3.进行必要的补偿或者提供必要的便利条件

工作地点变更主要考虑员工上班路途距离变化对员工的影响。若工作地点距离变化较小，如在城市内部的不同区之间，则可能仅涉及对劳动合同中规定的工作地点的变更。

若工作地点距离变化之大超出一般员工可接受的距离范围，如城市间的迁移，则可能构成劳动合同订立时客观情况的重大变化，企业需与员工变更劳动合同或签订补充协议作为证据。

• 给HR的温馨提示：

1.在企业调岗合法的前提下，只要员工不去新的工作岗位任职，不管员工是否去企业上班，都可以认定为旷工。

2.当员工拒绝去新工作地点上班时要注意3个方面：调整工作地点是否合法合理，调整工作地点是否与员工协商，是否进行必要的补偿或者提供必要的便利条件。

HR QUANLIUCHENG
FAWU SHICAO SHOUCE

第九章
员工工伤、病假与医疗期风险

第一节 | 工伤认定及赔偿标准

员工在符合法律规定的时间和场所，因工作原因或履行职责等法定情形，遭受人身伤害的，可以申请工伤认定。

一、工伤的认定

（一）工伤认定的前提不一定要有劳动关系

通常情况下，社会保险行政部门认定职工工伤，应以职工与企业之间存在劳动关系为前提，但特殊情况下除外。

如当存在违法转包、分包的情形时，企业承担职工的工伤保险责任不以是否存在劳动关系为前提。企业违反法律、法规规定将承包业务转包、分包给不具备用工主体资格的组织或者自然人，职工发生工伤事故时，应由违法转包、分包的企业承担工伤保险责任。

（二）工伤的认定情形

1.在工作时间和工作场所内，因工作原因受到事故伤害的；

2.工作时间前后在工作场所内，从事与工作有关的预备性或者收尾性工作受到事故伤害的；

3.在工作时间和工作场所内，因履行工作职责受到暴力等意外伤害的；

4.患职业病的；

5.因工外出期间，由于工作原因受到伤害或者发生事故下落不明的；

6.在上下班途中，受到非本人主要责任的交通事故或者城市轨道交通、客运轮渡、火车事故伤害的；

7.在工作时间和工作岗位，突发疾病死亡或者在48小时之内经抢救无效死亡的；

8.在抢险救灾等维护国家利益、公共利益活动中受到伤害的；

9.职工原在军队服役，因战、因工负伤致残，已取得革命伤残军人证，到企业后旧伤复发的；

10.法律、行政法规规定应当认定为工伤的其他情形。

（三）不得认定为工伤的情形

1.故意犯罪的；

2.醉酒或者吸毒的；

3.自残或者自杀的。

二、未缴纳社保发生工伤

HR最怕的事情之一，就是员工上班没几天就发生了工伤，如果再遇到企业没有来得及为该员工办理社保，那无疑是“雪上加霜”。

案例

李某与A公司约定试用期为两个月，试用期期间，李某在部门经理的要求下于周末回公司加班时，不慎在洗手间滑倒，造成右腿骨折并住院治疗数日。

李某认为自己受伤应当为工伤，要求A公司支付医疗费等相关费用，A公司以李某尚在试用期，还未与其签订劳动合同，且李某是在周末摔伤为由拒绝。

案例解析

本案的争议焦点在于，李某在试用期内加班摔伤能否认定为工伤？虽然还未签订劳动合同，但李某与A公司之间已经建立了劳动关系，属于A公司的职工。

李某的加班行为是部门经理的要求，所以，周末也应当属于工作时间。李某去洗手间的行为属于正常需求，因此，李某在洗手间摔伤应当认定为是在工作过程中，解决合理、必需的生理需要时，由于不安全因素而遭受的意外伤害。

因此，李某在周末加班期间，于A公司洗手间的摔伤应当认定为工伤。在A公司未给李某办理工伤保险的情况下，李某的工伤应当由A公司承担赔偿责任。

员工从试用之日起就是企业的职工，在试用期内，除劳动报酬和劳动合同解除等方面与试用期满后的有关规定有所差异外，其他的权利都是一样的，即同样享受工伤待遇。

《社会保险法》第五十八条规定[①]，只要企业能按照法律规定在30日内为员工购买工伤保险，就由社保基金承担“社保真空期”内的工伤保险责任，不能让企业无过错却承担较高的法律风险。

（一）先行支付

《社会保险法》第四十一条第一款规定，职工所在用人单位未依法缴纳工伤保险费，发生工伤事故的，由用人单位支付工伤保险待遇。用人单位不支付的，从工伤保险基金中先行支付。为更好地保障员工的合法权益，基于对工伤职工的关怀和救济而由工伤保险基金代企业先行支付，其并非最终的赔偿义务主体，企业始终是工伤待遇的第一支付义务人。

（二）先行支付程序的要点

1.申请启动

职工被认定为工伤后，其用人单位未依法缴纳工伤保险费，有下列情形之一的，职工或者其近亲属可以持工伤认定决定书和有关材料，向社会保险经办机构书面申请先行支付工伤保险待遇。

---

① 《社会保险法》第五十八条第一款规定，用人单位应当自用工之日起三十日内为其职工向社会保险经办机构申请办理社会保险登记。未办理社会保险登记的，由社会保险经办机构核定其应当缴纳的社会保险费。

（1）企业被依法吊销营业执照或者撤销登记、备案的；

（2）企业拒绝支付全部或者部分费用的；

（3）依法经仲裁、诉讼后仍不能获得工伤保险待遇，法院出具中止执行文书的；

（4）职工认为企业不支付的其他情形。

由于个案差异以及各地社保机构的要求不同，申请材料会略有不同，一般主要包括工伤认定书、裁判文书等，向社会保险经办机构书面申请先行支付工伤保险待遇。

社保在收到相关申请后，在3个工作日内向企业发出书面催告通知，要求其在5个工作日内予以核实，并依法支付工伤保险待遇，告知企业如在规定期限内不按时足额支付的，由工伤保险基金先行支付。

2.支付范围

企业未按时足额支付的，社会保险经办机构应当按照《社会保险法》和《工伤保险条例》的规定，先行支付工伤保险待遇项目中应当由工伤保险基金支付的项目。

因工伤发生的下列费用，按照国家规定从工伤保险基金中支付：

（1）治疗工伤的医疗费用和康复费用；

（2）住院伙食补助费；

（3）到统筹地区以外就医的交通食宿费；

（4）安装配置伤残辅助器具所需费用；

（5）生活不能自理的，经劳动能力鉴定委员会确认的生活护理费；

（6）一次性伤残补助金和一至四级伤残职工按月领取的伤残津贴；

（7）终止或者解除劳动合同时，应当享受的一次性医疗补助金；

（8）因工死亡的，其遗属领取的丧葬补助金、供养亲属抚恤金和因工死亡补助金；

（9）劳动能力鉴定费。

（三）派遣员工未缴纳社保发生工伤

依据《劳务派遣暂行规定》第十条规定，劳务派遣单位承担工伤保险责任，但可以与企业约定补偿办法。

1.派遣员工未缴纳工伤保险的责任应由派遣单位承担，按工伤保险待遇项目和标准赔偿员工，企业是否承担连带责任的核心在于是否存在过错。

2.企业未能提供足以保障员工人身安全的工作环境和条件，派遣单位与企业承担连带责任。

3.工伤是由第三人侵权造成的。比如，员工上下班途中的交通事故，那企业不承担连带责任。

4.劳务派遣协议中另有约定的，派遣单位承担工伤保险待遇赔偿责任，企业按协议承担相应民事责任。

（1）在被派遣员工发生工伤后，企业应当注意相关证据材料的收集，以配合申报过程中的核查工作。同时，也可以用来证明企业提供了相应的劳动条件和劳动保护，尽到了其他法律或者协议约定的义务。

（2）在劳务派遣协议中，应与派遣单位约定清楚工伤员工相关费用的支付方式、数额等事项。

（3）在劳务派遣协议中明确约定社会保险缴纳问题，写明未缴纳社保的责任由派遣单位承担。同时应按期支付劳务派遣费用，督促派遣单位按期为员工缴纳社保。

三、工伤赔偿标准

工伤赔偿同员工是否处于试用期没有关系，只要伤残等级相同，补偿比例就是一样的。

根据不同的伤残等级，获得的补偿是不一样的。主要的补偿包括，一次性伤残补助金、一次性就业补助金、一次性医疗补助金、医疗费、停工留薪期工资、伙食补助费、护理费等。

（一）一次性伤残补助金（一级至十级）

职工因工致残被鉴定为一级至十级伤残的，由工伤保险基金支付一次性伤残补助金。如表9-1所示。

工资是指工伤职工因工作遭受事故伤害或者患职业病前12个月平均月工资。工资高于统筹地区职工平均工资300%的，按照统筹地区职工平均工资的300%计算；工资低于统筹地区职工平均工资60%的，按照统筹地区职工平均工资的60%计算。

（二）伤残津贴（一级至六级）

职工因工致残被鉴定为一级至六级伤残的伤残津贴，按月支付，如表9-1所示。

其中，一级至四级伤残津贴由工伤保险基金支付，实际金额低于当地最低工资标准的，由工伤保险基金补足差额；五级至六级伤残津贴由企业在难以安排工作的情况下支付，伤残津贴实际金额低于当地最低工资标准的，由企业补足差额。

表9-1　一次性伤残补助金与伤残津贴

伤残等级	一级伤残	二级伤残	三级伤残	四级伤残	五级伤残	六级伤残	七级伤残	八级伤残	九级伤残	十级伤残
一次性伤残补助金	27个月工资	25个月工资	23个月工资	21个月工资	18个月工资	16个月工资	13个月工资	11个月工资	9个月工资	7个月工资
伤残津贴（月支付）	90%工资	85%工资	80%工资	75%工资	70%工资	60%工资				

（三）一次性工伤医疗补助金和伤残就业补助金（五级至十级）

劳动合同期满终止，或者职工本人提出解除劳动合同的，由工伤保险基金支付一次性工伤医疗补助金，企业支付一次性伤残就业补助金。

根据伤残等级确定，工伤保险条例未规定统一标准，具体标准授权各省、自治区、直辖市人民政府规定，一般是按照本人工资一定倍数计算。建议HR在各省的工伤保险条例或工伤保险办法中查阅。

（四）停工留薪期工资

1.原工资福利待遇不变，由所在单位按月支付。

2.停工留薪期一般不超过12个月；伤情严重或者情况特殊，经设区的市级劳动能力鉴定委员会确认，可以适当延长，但延长期不得超过12个月。工伤职工在停工留薪期满后仍需治疗的，继续享受工伤医疗待遇。

3.停工留薪期根据医疗机构的诊断证明和各地的停工留薪期分类目录确定。

4.计算停工留薪期原工资福利时是否包括加班费，实务中各地有不同的做法，依地方规定处理。

（五）停工留薪期护理

生活不能自理的工伤职工在停工留薪期需要护理的，由所在单位负责。

如果单位未安排护理，则由单位支付护理费。护理费标准各地并无统一做法，参照当地护工从事同等级别护理的劳务报酬标准，向工伤职工支付护理费。

（六）评残后的护理费

工伤职工已经评定伤残等级，并经劳动能力鉴定委员会确认需要生活护理的，从工伤保险基金按月支付生活护理费。

1.停工留薪期内需要护理的，由所在单位负责。

2.评定伤残后需要护理的，完全生活不能自理，按统筹地上年度职工月平均工资的50%支付护理费；大部分生活不能自理，按统筹地上年度职工月平均工资的40%支付护理费；部分生活不能自理，按统筹地上年度职工月平均工资的30%支付护理费。

3.生活护理费需经劳动能力鉴定委员会确认，工伤职工按月享受。

（七）住院伙食补助费、交通费、食宿费

职工住院治疗工伤的伙食补助费，以及经医疗机构出具证明，报经办机构同意，工伤职工到统筹地区以外就医所需的交通、食宿费用从工伤保险基金支付，基金支付的具体标准由统筹地区人民政府规定。

1.本单位因公出差伙食补助标准的70%；

2.在员工住院期间；

3.单位没有出差伙食补助标准的，参考当地国家机关工作人员出差伙食补助标准。

（八）医疗费

1.治疗工伤所需费用符合工伤保险诊疗项目目录、工伤保险药品目录、工伤保险住院服务标准。

2.企业没有参加工伤保险的，不是必须到签有服务协议的医疗机构治疗。治疗工伤所需费用符合工伤保险诊疗项目目录、工伤保险药品目录、工伤保险住院服务标准的，从工伤保险基金支付。

超出目录及服务标准的医药费由工伤职工还是企业承担，目前实践中各地处理存在不同做法，多数地区的做法是企业不承担。

（九）工伤康复费

工伤职工到签订服务协议的医疗机构进行工伤康复的费用，符合规定的，从工伤保险基金支付。

1.治疗工伤所需费用符合工伤保险诊疗项目目录、工伤保险药品目录、工伤保险住院服务标准。

2.依地方规定，康复治疗需经办机构组织专家评定。

（十）辅助器具费

1.各省、自治区、直辖市工伤辅助器具限额标准。

2.因日常生活或者就业需要，经劳动能力鉴定委员会确认，安装假肢、矫形器、假眼、假牙和配置轮椅等辅助器具。

工伤职工因日常生活或者就业需要，经劳动能力鉴定委员会确认，可以安装假肢、矫形器、假眼、假牙和配置轮椅等辅助器具，所需费用按照国家规定的标准从工伤保险基金支付。

需注意的是，辅助器具一般应当限于辅助日常生活及生产劳动之必需，并采用国内市场的普及型产品。工伤职工选择其他型号产品，费用高出普及型部分，由个人自付。

（十一）因工死亡待遇标准

职工因工死亡，其近亲属按照下列规定从工伤保险基金领取丧葬补助金、供养亲属抚恤金和一次性工亡补助金。

1.丧葬补助金

丧葬补助金为6个月的统筹地区上年度职工月平均工资。这个标准同样每年会有变化。

丧葬补助金=统筹地区上年度职工月平均工资 ×6

2.供养亲属抚恤金

按照职工本人工资的一定比例发给由因工死亡职工生前提供主要生活来源、无劳动能力的亲属。标准为：配偶每月40%，其他亲属每人每月30%，孤寡老人或者孤儿每人每月在上述标准的基础上增加10%。核定的各供养亲属的抚恤金之和不应高于因工死亡职工生前的工资。

供养亲属抚恤金（配偶）=死者本人工资 ×40%（按月支付）

供养亲属抚恤金（其他亲属）=死者本人工资 ×30%（每人每月）

供养亲属抚恤金（孤寡老人或孤儿）在上述标准的基础上增加10%

3.一次性工亡补助金

一次性工亡补助金标准为上一年度全国城镇居民人均可支配收入的20倍。

一次性工亡补助金=全国城镇居民人均可支配收入 ×20倍

依据国家统计局公布的数据，2021年度全国城镇居民人均可支配收入47412元。故2022年度一次性工亡补助金标准为47412元 ×20=948240元。一次性工亡补助金没有地域之分，全国统一。

四、工伤申请的注意事项

（一）工伤提出申请的时限

1.企业的申请时限

职工发生事故伤害或者按照职业病防治法规定被诊断、鉴定为职业病，所在单位应当自事故伤害发生之日或者被诊断、鉴定为职业病之日起30日内[①]，向统筹地区社会保险行政部门提出工伤认定申请。遇有特殊情况，经报社会保险行政部门同意，申请时限可以适当延长。

特别注意，工会组织也可以代受伤职工提出申请。

2.员工的申请时限

企业未在规定的时限内提出工伤认定申请的，受伤害职工或者其近亲属、工会组织在事故伤害发生之日或者被诊断、鉴定为职业病之日起一年内，可以直接向企业所在地统筹地区劳动保障行政部门提出工伤认定申请。

3.超过一年申请期限的特别规定

根据《最高人民法院关于审理工伤保险行政案件若干问题的规定》第七条规定，由于不属于职工或者其近亲属自身原因超过工伤认定申请期限的，被耽误的时间不计算在工伤认定申请期限内。

有下列情形之一耽误申请时间的，应当认定为不属于职工或者其近亲属自身原因：

（1）不可抗力；

（2）人身自由受到限制；

（3）属于用人单位原因；

（4）社会保险行政部门登记制度不完善；

（5）当事人对是否存在劳动关系申请仲裁、提起民事诉讼。

（二）工伤认定申请材料

提出工伤认定申请应当填写《工伤认定申请表》，并至少提交以下材料。

1.劳动、聘用合同文本复印件或者与企业存在劳动关系（包括事实劳动关系）、人事关系的其他证明材料；

2.医疗机构出具的受伤后诊断证明书或者职业病诊断证明书（或者职业病诊断鉴定书）。

---

① 《工伤保险条例》第十七条第四款规定，如果单位没有在30日内提交工伤认定申请，在此期间发生符合本条例规定的工伤待遇等有关费用由该用人单位负担。

（三）社保部门受理时长

社会保险行政部门收到工伤认定申请后，应当在15日内对申请人提交的材料进行审核。

对于提交材料完整的，社会保险行政部门决定受理的，应当出具《工伤认定申请受理决定书》；决定不予受理的，应当出具《工伤认定申请不予受理决定书》。

对于提交材料不完整的，应当以书面形式一次性告知申请人需要补正的全部材料。社会保险行政部门收到申请人提交的全部补正材料后，应当在15日内作出受理或者不予受理的决定。

（四）工伤认定时长

社会保险行政部门应当自受理工伤认定申请之日起60日内作出工伤认定决定，出具《认定工伤决定书》或者《不予认定工伤决定书》。

社会保险行政部门对于事实清楚、权利义务明确的工伤认定申请，应当自受理工伤认定申请之日起15日内作出工伤认定决定。

社会保险行政部门应当自工伤认定决定作出之日起20日内，将《认定工伤决定书》或者《不予认定工伤决定书》送达受伤害职工（或者其近亲属）和企业，并抄送社会保险经办机构。

• 给HR的温馨提示：

1. 社会保险行政部门认定职工工伤，应以职工与企业之间存在劳动关系为前提，但有例外情况。

2. 无论是否在试用期内，只要员工在符合法律规定的时间及场所中，因工作原因或履行职责等法定情形，遭受人身伤害的，均可以申请工伤认定。

3. 根据不同的伤残等级，获得的补偿是不一样的。主要的补偿内容有，一次性伤残补助金、一次性就业补助金、一次性医疗补助金、医疗费、停工留薪期工资、伙食补助费、护理费等。

第二节 | 员工病假证明及工资

病假是法律赋予员工的合法权利，但该权利的享有并不是无条件的。

一、病假证明的规定

员工因伤病需要休假的，应凭专业医疗机构或指定医院开具的疾病诊断证明提出申请，由企业审核批准。由此可知，申请病假的员工不仅要有完备的病休证明，还要经过单位批准。

案例

王某于2019年4月29日入职某保安公司，双方签订的劳动合同期限至2022年4月28日。2019年8月21日王某向公司请事假至8月23日，8月22日王某去医院就诊，医生未给王某开病假单，也没有出具医嘱建议王某休息。8月24日，王某向公司请病假至8月30日，公司要求王某提供病假材料，王某没有提供病假材料。8月27日，公司再次提醒王某提供病假材料以完成病假手续，王某仍未提病假材料。8月29日，公司以王某连续旷工超过4天，严重违反规章制度为由解除了劳动合同。

2019年9月15日王某申请劳动仲裁要求公司支付违法解除劳动合同的赔偿金6000元，仲裁委认为公司解除行为合法，驳回了王某的仲裁请求。王某不服，诉至法院。

案例解析

本案的焦点在于，员工请病假但未按公司要求提供病假材料，自行休假可以被认定为旷工吗?

王某主张其在2019年8月22日至30日休病假，并向直属上级提供了病假申请，直属上级答复会将上述情况向上级反映，8月29日公司在王某休病假期间以其旷工为由解除劳动合同违法，应当支付赔偿金。

公司认为，王某连续4天未正常出勤，也未走请假审批流程。公司的《员工手册》规定连续旷工超过4天，或一年内累计旷工超过5天属于严重违纪，公司有权解除劳动合同。王某请病假后公司多次要求王某提供病假材料以完成请假手续，王某均没有提供，其自行休假的行为实质上是旷工。王某已经连续旷工超过4天，严重违反了公司规章制度。因此，公司的解除行为合法，不同意支付赔偿金。

病假证明是具有法律效力的重要医学文书，依法出具病假证明是法律赋予医疗机构及其执业医师的权利和义务。

1. 医疗机构已取得执业医师资格并依法注册的专业人员，可按照规定签署与自己执业类别和执业范围相关的病假证明，不得出具与执业范围无关或者与执业类别不相符的病假证明。

2. 医师必须亲自诊查后，方可签署病假证明，并在患者病历中记录相应的诊疗情况。病假时间必须同时记录在门（急）诊病历中或者患者的出院记录中。

3. 医师开具的病假证明，包括医师姓名、所在科室、患者姓名、所在单位以及年龄、性别、疾病诊断、病假天数，日期应填写就诊当日，盖章有效。因疾病治疗须建议休假的，原则上，急诊开具病假时间一般不超过3天，门诊不超过1周，慢性病不超过2周，特殊情况不超过1个月（需经科主任审批、签字）。

现实中，企业大多通过在规章制度中明确病假申请办法的方式以及用人单位如何审核，如果员工未提交医院出具的病假单，企业对于员工的病假申请可以不予认定。

二、避免虚假病假

如果员工提交的是虚假病休证明，属于严重违纪情形，企业不仅可以撤回假期，还可以直接解除劳动合同。为了避免员工虚报病假的情形，HR需要明确请病假程序，明确企业对可疑病假的核查权，明确对虚假病假的处罚措施。

1.明确请病假程序

员工请病假的程序，应当与其他休假一样，有规范的请假流程及批准权限。对于请假程序，一定要规定事先履行请假手续，并获得相应的许可，否则未经许可不出勤的，都视作旷工。

员工突发性疾病或发生意外事故等无法提前履行请假手续的，可以先以电话通知其上司，获得口头许可，事后按照请假程序履行补假手续。

2.明确企业对可疑病假的核查权

请病假员工必须提交合格医院医生开具的病假证明，当企业发现可疑病假时，有权对病假单及诊疗记录的真实性进行核查，有权向相关医院及主治医师就就诊的事实进行核实。

HR可以通过《病情复查通知书》与医院进行核实。不仅可以确定病假单是否为医院开具，而且可以通过询问，侧面了解员工病情的严重程度，从而判断员工的病假申请是否合理。

工具18:《病情复查通知书》

《病情复查通知书》

________先生/女士：

您自____年____月____日起开始休病假，公司审查您提交的病假材料后，认为需进一步了解您的病情严重程度，现根据公司病假管理的相关规定，通知您于____年____月____日，由公司指派专人陪同您到__________医院复查，请予以配合。

如果病假申请是虚假的或故意夸大的，企业将该行为评定为严重违纪的行为，企业可以进行相应的惩戒直至解除劳动合同。

若您拒绝配合公司指定的病情复查，对于您的病休公司将按________处置。

特此通知。

公司盖章

年　　月　　日

备注：本通知书一式两份，通知方与被通知方各执一份，具有同等效力。

3.明确对虚假病假的处罚措施

企业应在规章制度中明确查实虚假病假后的处罚措施。有的企业将虚假病假期间作为旷工处理，按照规章制度中规定的旷工天数确定不同的处罚种类；有的企业是将虚假病假列为欺诈行为，直接列为企业可以单方解除劳动合同的行为。

三、病假工资

全国各地区病假工资支付标准各不相同，原则上员工患病或非因工负伤治疗期间，在规定的医疗期间内，由企业按有关规定支付其病假工资或疾病救济费，病假工资或疾病救济费可以低于当地最低工资标准支付，但不能低于最低工资标准的80%。

上海市、重庆市等有其特殊规定。以上海市为例，根据《上海市劳动和社会保障局关于病假工资计算的公告》，职工疾病或非因工负伤连续休假在6个月以内的，企业应按下列标准支付疾病休假工资。

（一）疾病休假工资标准

1.连续工龄不满2年的，按本人工资的60%计发；

2.连续工龄满2年不满4年的，按本人工资70%计发；

3.连续工龄满4年不满6年的，按本人工资的80%计发；

4.连续工龄满6年不满8年的，按本人工资的90%计发；

5.连续工龄满8年及以上的，按本人工资的100%计发。

（二）疾病救济费标准

职工疾病或非因工负伤连续休假超过6个月的，由企业支付疾病救济费，救济费发放标准如下。

1.连续工龄不满1年的，按本人工资的40%计发；

2.连续工龄满1年不满3年的，按本人工资的50%计发；

3.连续工龄满3年及以上的，按本人工资的60%计发。

医疗期按照劳动者在本用人单位的工作年限设置。劳动者在本单位工作第1年，医疗期为3个月；以后工作每满1年，医疗期增加1个月，但不超过24个月。

劳动者经劳动能力鉴定委员会鉴定为完全丧失劳动能力但不符合退休、退职条件的，应当延长医疗期。延长的医疗期由用人单位与劳动者具体约定，但约定延长的医疗期与前条规定的医疗期合计不得低于24个月。

总之，关于病假工资的规定各地略有差异，HR在制订病假管理制度时，应先查询当地规定，然后根据企业情况制订人性化的病假工资标准。

• 给HR的温馨提示：

1.病假证明是具有法律效力的重要医学文书，依法出具病假证明是法律赋予医疗机构及其执业医师的权利和义务。

2.为了避免员工虚报病假的情形，HR需要明确请病假程序，明确企业对可疑病假的核查权，明确对虚假病假的处罚措施。

3.病假工资的规定各地略有差异，病假工资或疾病救济费可以低于当地最低工资标准支付，但不能低于最低工资标准的80%。

第三节 | 员工医疗期及工资

不是员工生病治疗时间多长，医疗期就多长。医疗期期限长短取决于劳动者累计工作年限和本单位连续工作年限。

一、医疗期和病假的区别

1. 医疗期是法律概念，病假则不是法律概念

医疗期是指企业职工因患病或非因工负伤停止工作治病休息不得解除劳动合同的时限，医疗期的长短有法定标准。

病假是指员工本人因患病或非因工负伤，需要停止工作医疗时，企业应该根据员工本人实际参加工作年限和在本单位工作年限，给予一定的医疗假期。病假的长短需根据员工的病情而定。

2. 医疗期内不得解除劳动关系，病假期内可以解除劳动关系

医疗期内企业不得解除劳动关系。医疗期结束后，员工不能从事原工作，也不能从事企业另行安排的工作的，应当由劳动鉴定委员会参照工伤与职业病致残程度鉴定标准进行劳动能力的鉴定。被鉴定为一至四级的，应当退出劳动岗位，终止劳动关系，办理退休、退职手续，享受退休、退职待遇；被鉴定为五至十级的，医疗期内不得解除劳动合同。

而病假期间的劳动关系保护，法律则无另外的规定，一般来说，当员工请病假且病假短于医疗期，除员工存在《劳动合同法》第三十九条规定之情形之外，企业在这一期间不能解除劳动合同；当员工请病假但病假已超过医疗期，

企业方可依法解除劳动合同。

3.医疗期是法律对员工的一种特殊保护，病假属于企业用工管理的基本内容

医疗期内则不同，医疗期内员工除非是严重违反纪律，否则企业不能基于任何理由解雇员工。

员工生病向企业请假的，应当遵守企业的规章制度，提供病假证明，并由企业行政审核批准，否则可能因违反企业的制度被解雇。

二、医疗期的风险

（一）医疗期期限

企业职工因患病或非因工负伤，需要停止工作医疗时，根据本人实际参加工作年限和在本单位工作年限，可以给予3个月到24个月的医疗期，法律对医疗期累计病休时间也有期限限制，如表9-2所示。

表9-2　工作年限与医疗期

总工作年限	工作年限10年以下		工作年限10年以上				
本单位工作年限	5年以下	5年以上	5年以下	5年以上	10—15年	15—20年	20年以上
医疗期	3个月	6个月	6个月	9个月	12个月	18个月	24个月
累计病休周期	6个月	12个月	12个月	15个月	18个月	24个月	30个月

（二）特殊疾病的医疗期

对某些患特殊疾病（如癌症、精神病、瘫痪等）的职工，在24个月内尚不能痊愈的，经企业和劳动主管部门批准，可以适当延长医疗期。

案例

刘某大学毕业后在A公司工作，一年后经医院诊断患上癌症，A公司按照刘某参加工作的年限和在本单位的工作年限，给予刘某3个月的医疗期。对此刘某

提出异议，认为特殊疾病的医疗期应为24个月。

案例解析

本案例焦点在于，特殊疾病的医疗期是不是24个月。医疗期期限因根据其员工总工作年限及本单位工作年限来确定可享受24个月。在医疗期满后尚不能痊愈的情况下，可以申请延长。特殊疾病的医疗期的时间在未获得企业和劳动主管部门批准延长前，应根据劳动者的实际工作年限和在本单位的工作年限计算。

HR在确定特殊疾病医疗期时，有以下两点要注意。

1.并非所有的癌症均能享有24个月医疗期，仅有当癌症出现转移的，才以24个月为标准。若仅为良性肿瘤（甲状腺癌、乳腺癌）在经过一定治疗后可以恢复，不一定享受24个月医疗期。

2.只有确诊的或者经过司法鉴定的精神病，才必然享受24个月医疗期。若仅为疑似精神病，则医疗期期限按规定执行。

（三）医疗期的“清零”或多次享受

对于医疗期的“清零”或多次享受，国家层面规定并未做出明确回答，在实操中，以“首次期满，不再享受”“首次不满，清零重计”两种方式为主，具体根据各地区的实际情况而定。

1.“首次期满，不再享受”

首次医疗期届满后，该员工工作一段时间后又患病或非因工负伤的，则不再享受医疗期待遇。对此，可依据《劳动合同法》第四十条第一项规定，以“劳动者患病或者非因工负伤，在规定的医疗期满后不能从事原工作，也不能从事由用人单位另行安排的工作”为理由，为员工另行安排工作，如不能胜任，则与员工解除劳动合同，但应当履行提前30天通知的义务或支付代通知金，另外还需支付经济补偿金和医疗补助费（一般不少于6个月工资，重病或绝症须按规定适当增加）。

2.“首次不满，清零重计”

即首次医疗期未满，该员工工作一段时间后，如再次患病或非因工负伤，则该员工可享受新一轮的医疗期，医疗期清零并重新计算。对此，用人单位需依法给予医疗期待遇。如在医疗期内解雇该员工，除了支付医疗补助费外，可能引起违法解雇的劳动纠纷。

（四）医疗期满解除劳动合同的情形

1.医疗期内企业不得解除劳动合同

医疗期内企业不得解除劳动合同，“不得解除”不能理解为绝对不能解除。《劳动合同法》第四十二条第三项规定，劳动者患病或者非因工负伤，在规定的医疗期内用人单位不得对其采取预告解除（第四十条）或经济性裁员（第四十一条），但是并没有排除协商一致解除。

医疗期内的员工如果有《劳动合同法》第三十九条规定情形的同样可以解除劳动合同，并且用人单位是可以单方面解除劳动合同并不需要支付任何经济补偿的。具体情形如下：

（1）在试用期间被证明不符合录用条件的；

（2）严重违反用人单位的规章制度的；

（3）严重失职，营私舞弊，给用人单位造成重大损害的；

（4）劳动者同时与其他用人单位建立劳动关系，对完成本单位的工作任务造成严重影响，或者经用人单位提出，拒不改正的；

（5）因以欺诈、胁迫的手段或者乘人之危，使对方在违背真实意思的情况下订立或者变更劳动合同致使劳动合同无效的；

（6）被依法追究刑事责任的。

2.医疗期内劳动合同解除的限制

实操中，医疗期与劳动合同能否继续履行密切相关，可以从“医疗期内的解除”和“医疗期满后的解除”两个角度分析。

（1）医疗期内，如果医疗终结，且员工可以从事原工作的，则企业应当安排其恢复原工作；在医疗期内，如果医疗终结，员工不能从事原工作，可以由企业根据员工的身体状况另行安排其他工作。以上两种情况不牵扯劳动合同解除的问题。

（2）如果员工非因工致残或经医疗机构认定患有难以治疗的疾病，在医疗期内医疗终结，不能从事原工作，也不能从事企业另行安排的工作的，则应当按照《企业职工患病或非因工负伤医疗期规定》第六条，由劳动鉴定委员会参照工伤与职业病致残程度鉴定标准对员工进行劳动能力的鉴定。被鉴定为一至四级的，员工应当退出劳动岗位，解除劳动关系，办理退休、退职手续，享受退休、退职待遇，被鉴定为五至十级或者没有评级的，医疗期内企业不得解除劳动合同。

3. 医疗期满后的解除

（1）企业职工非因工致残和经医生或医疗机构认定患有难以治疗的疾病，医疗期满，应当由劳动鉴定委员会参照工伤与职业病致残程度鉴定标准进行劳动能力的鉴定。

案例

刘某是A机械厂的车工，与工厂签订了5年的劳动合同。车工的工作性质决定了刘某每天8小时几乎都要在车床前站立工作。但是一次体检时，刘某被检查出右腿骨头里长有肿瘤。根据医生的建议，刘某做了肿瘤切除手术。为此刘某连续休病假3个月，这也正好是他能够享受的医疗期。

病愈后刘某回厂上班，工厂继续安排他做车工工作。但刘某认为，自己的身体已不能从事车工工作了，并出示了医院开具的诊断证明，证明自己在切除肿瘤时，已将大腿骨的一部分一并切除，不能够长时间站立。同时，刘某提出了把他调换到仓库当管理员或其他不需要长时间站立的工作岗位的请求。但是工厂表示，如果刘某不愿意做车工，也只能在铣工、刨工、钳工等工种中选择，除此之外，其他岗位都没有空缺。刘某认为，A机械厂提出的车间工种，也都是必须长时间站立的工作，因此不同意。于是A机械厂作出辞退决定：鉴于刘某医疗期满后不能从事原工作，也不能从事工厂另行安排的工作，即日起解除与刘某的劳动合同。

案例解析

根据法律规定，劳动者患病或者非因工负伤，医疗期届满后，用人单位可以与其解除劳动合同，但是必须满足两个前提条件：

1.按照法定标准应当享受的医疗期已经享受完毕；

2.医疗期届满后，员工不能从事原工作或用人单位另行安排的工作。

刘某医疗期届满后，企业是不能直接解除劳动合同的。如果刘某不能胜任原工作，企业应当为其另行安排新工作，对新岗位仍不能胜任的，企业才能解除劳动合同。企业的单方调岗应遵循合理原则。本案中刘某不能胜任原工作，最大的原因就是不能长时间站立工作，而企业调整后的新岗位仍然是需要长时间站立的工作，因此，工厂并没有合理履行另行安排工作的义务，其由此做出的辞退的决定构成了违法解除劳动合同。

职工在医疗期满后，能从事原工作的，可以继续履行劳动合同；医疗期满后仍不能从事原工作也不能从事由单位另行安排的工作的，由劳动鉴定委员会参照工伤与职业病致残程度鉴定标准进行劳动能力鉴定。被鉴定为一至四级的，应当退出劳动岗位，解除劳动关系，办理因病或非因工负伤退休退职手续，享受相应的退休退职待遇；被鉴定为五至十级的，用人单位可以解除劳动合同，并按规定支付经济补偿金和医疗补助费。

（2）如果医疗期满后，员工按时返岗，但是无法从事原工作，则企业需根据员工自身身体状况进行合理调岗，仍然不能从事新工作的，企业可以按照《劳动合同法》第四十条第一项规定的“不能从事原工作，也不能从事由用人单位另行安排的工作”，在提前30天以书面形式通知员工本人或额外支付一个月工资后行使劳动合同解除权。

（3）如果在医疗期满后，员工没有进行劳动能力鉴定，且不办理病假手续继续缺勤，企业可以根据相关规章制度对缺勤员工按照旷工处理。

（4）医疗期满后，如果员工采取“泡病假”的方式继续向单位提交病假条，对于这种情况企业可以向员工发出《医疗期满复工通知书》，并注意留存向员工送达的证据。如果员工仍然没有按照企业的要求按时返岗工作，则企业有权按照《劳动合同法》第四十条第一项的规定，以提前30天以书面形式通知员工本人或支付一个月工资的方式解除与员工签订的劳动合同。

工具19：《医疗期满复工通知书》

《医疗期满复工通知书》

________先生/女士（身份证号：________________）：

由于您因病于____年____月____日进入医疗期，根据您的工作年限，以及您在本单位的工作时间，确定您的医疗期为____个月，现在您的医疗期将于____年____月____日结束，届时您的医疗期已满，公司通知您于____年____月____日到公司上班。

如果原岗位您无法胜任，公司可根据您的身体情况另行安排其他岗位。

若您不能上班，且身体伴有劳动功能障碍，请于____年____月____日到公司人力资源部办理劳动能力鉴定申请手续。公司将向________劳动能力鉴定委员会为您提出劳动能力鉴定申请。

若您未于____年____月____日到公司上班，也未于____年____月____日到公司人力资源部办理劳动能力鉴定申请手续，公司将于____年____月____日起按照旷工计算，并依据公司规章制度，连续旷工____天予以解除劳动合同。

如您对上述内容有异议，请在3日内以书面形式提出，否则视为无异议。

特此通知。

公司（盖章）：

年　　月　　日

注：本通知书一式两份，通知方与被通知方各执一份，具有同等效力。

人力资源部联系人：　　　　　　　　联系电话：

三、医疗期工资

（一）医疗期工资

企业职工在医疗期内，其病假工资、疾病救济费和医疗待遇按照有关规定执行。

根据《劳动部关于贯彻执行〈中华人民共和国劳动法〉若干问题的意见》①第五十九条，职工患病或非因工负伤治疗期间，在规定的医疗期内由企业按有关规定支付其病假工资或疾病救济费，病假工资或疾病救济费可以低于当地最低工资标准支付，但不能低于最低工资标准的80%。

如地方或者用人单位的规章制度明确规定了医疗期工资待遇高于法定标准的，则按照地方标准或者用人单位规章制度的标准执行。

在医疗期内，部分企业认为员工未提供劳动，于是在保持双方劳动关系的前提下，停止缴纳员工的社保，这种做法是违反相关规定的。员工亦可在提起仲裁或者起诉时主张企业补齐欠缴的社保。

（二）医疗期满经济补偿金

劳动者患病或者非因工负伤，在规定医疗期满后不能从事原工作，也不能从事由用人单位另行安排工作的，用人单位可以提前30天以书面形式通知劳动者本人或额外支付一个月工资后，解除与劳动者的劳动关系。

关于经济补偿金和医疗补助费的支付标准规定在《违反和解除劳动合同的经济补偿办法》第六条，劳动者患病或者非因工负伤，经劳动鉴定委员会确认不能从事原工作，也不能从事用人单位另行安排的工作而解除劳动合同的，用人单位应按其在本单位的工作年限，每满一年发给相当于一个月工资的经济补偿金，同时还应发给不低于六个月工资的医疗补助费，患重病的增加部分不低于医疗补助费的百分之五十，患绝症的增加部分不低于医疗补助费的百分之百。

---

① 本意见发布时间为1995年8月，原劳动部现已整合入人力资源和社会保障部。

单位与医疗期满的职工解除劳动关系时，应当支付经济补偿金。经济补偿金的计算标准是，解除劳动关系前12个月的平均工资。法律规定的前12个月平均工资，是包含医疗期内的工资的。也就是说，如果企业只按照最低工资向员工发放工资待遇，这种情况下，员工的医疗期越长，那么离职前12个月的平均工资基数就越低，员工拿到的经济补偿金基数也就越小。

比如，员工正常工资为10000元，其患病享有6个月医疗期，医疗期间的待遇为每月1720元。那么，其离职前12个月的平均工资为：（10000×6+1720×6）÷12=5860元。那么，该职工的经济补偿金计算公式为：5860×年限=应得金额。如果企业违法解除与员工的劳动关系，则需要支付双倍经济补偿金。

• 给HR的温馨提示：

1.企业职工在医疗期内，其病假工资、疾病救济费和医疗待遇按照有关规定执行。

2.企业职工因患病或非因工负伤，需要停止工作医疗时，根据本人实际参加工作年限和在本单位工作年限，给予3个月到24个月的医疗期，法律对医疗期累计病休时间也有期限限制。

3.在规定的医疗期内由企业按有关规定支付其病假工资或疾病救济费，病假工资或疾病救济费可以低于当地最低工资标准支付，但不能低于最低工资标准的80%。

离职篇

第十章
劳动关系终止的风险

第一节 | 劳动合同终止的六种情形

劳动合同终止是指劳动合同双方当事人在劳动合同中约定的合同期限届满或达到其他法定终止条件的情形。根据《劳动合同法》第四十四条规定[①]，有下列六种情形之一的，劳动合同终止。

一、劳动合同期满

劳动合同期满是劳动合同终止的主要形式，适用于固定期限的劳动合同和以完成一定工作任务为期限的劳动合同。一旦约定的期限届满或工作任务完成，劳动合同通常都自然终止。

值得注意的是，依照《劳动合同法》第四十六条规定的需支付经济补偿的劳动合同终止情形仅适用于固定期限的劳动合同。但是《劳动合同法实施条例》对此作出了补充规定，即以完成一定工作任务为期限的劳动合同因任务完成而终止的，企业应当依照《劳动合同法》第四十七条的规定向劳动者支付经济补偿。据此，以完成一定工作任务为期限的劳动合同终止时，单位也应当根据劳动者实际工作年限支付相应的经济补偿。

---

① 《劳动合同法》第四十四条规定，有下列情形之一的，劳动合同终止：（一）劳动合同期满的；（二）劳动者开始依法享受基本养老保险待遇的；（三）劳动者死亡，或者被人民法院宣告死亡或者宣告失踪的；（四）用人单位被依法宣告破产的；（五）用人单位被吊销营业执照、责令关闭、撤销或者用人单位决定提前解散的；（六）法律、行政法规规定的其他情形。

二、依法享受基本养老保险待遇

一般情况下，员工达到退休年龄，可以申请基本养老保险待遇。退休后员工的基本生活是通过养老保险制度来保障的，员工不再具备劳动合同意义上的主体资格，因此劳动合同自然终止。

在某些特殊情况下，员工达到退休年龄，但由于保险缴费年限不足，无法享受基本养老保险待遇，主要有以下两种情况。

情况一：企业延迟或者一直没有替员工缴纳社保，致使员工达到退休年龄时社保缴纳年限不够，而不能享受基本养老保险待遇。企业对此存在过错，对于因此种原因无法享受养老保险待遇的员工，可以要求企业为其补缴社会保险，达到了法定缴费年限之后，仍可以依法享受养老保险待遇。

情况二：企业按时依法缴纳社保，但由于员工个人原因导致社保缴纳年限不够，不能享受基本养老保险待遇，则劳动合同算自然终止，不需要给予任何经济补偿金。

三、员工死亡或者失踪

宣告死亡，是公民下落不明达到法定期限，经利害关系人申请，由人民法院宣告该公民死亡的民事法律制度。宣告失踪，是公民下落不明满法定期限，经利害关系人申请，由法院宣告其失踪并对其财产实行代管的法律制度。

员工死亡或失踪，客观上丧失了向企业提供劳动的可能性，双方此前签订的劳动合同因缺乏一方主体而归于消灭。

四、企业被依法宣告破产

破产，指当债务人的全部资产不足以清偿到期债务时，由债务人或债权人诉请法院宣告破产并依破产程序偿还债务的一种法律制度。

根据《企业破产法》规定，企业法人不能清偿到期债务，并且资产不足以清偿全部债务或者明显缺乏清偿能力的，可以向人民法院提出重整、和解或者破产清算申请。

在破产案件的办理中，核查员工债权是管理人工作中重要的一环，对于员工债权的保护和优先清偿也是破产法及破产审判中的重要价值取向。在管理人接手破产企业时，常常会遇见企业尚有在册员工的情形，对于其劳动合同是否终止、何时终止，都将直接影响员工的权益以及其他债权人的清偿权益。

目前，理论界和实务界中对于破产企业劳动合同终止基准日确定主要有以下几种观点。

1.劳动合同应于企业被宣告破产时终止，其直接依据是上述《劳动合同法》第四十四条的规定。

2.根据《企业破产法》第十八条所规定的管理人的法定解除权，管理人在接管破产企业后对未履行完毕的合同拥有法定解除权，因此，将管理人解除劳动合同的时间点确定为劳动合同终止基准日。

3.根据《企业破产法》第四十四条、第四十六条和第四十八条中对于到期债权和债权人申请债权的期限的规定，有学者认为只有在人民法院受理破产申请时破产企业员工权益才能成为破产债权，所以，劳动合同应于人民法院受理之日起终止。

4.依照法律相关规定，法人的民事主体资格终止应以该法人到工商局办理完注销登记手续之次日为其终止日期。企业处于破产清算阶段时，尚未办理工商注销登记手续，劳动合同不能终止。

五、企业被吊销营业执照、责令关闭、撤销或企业决定提前解散

在劳动合同履行过程中，企业被依法宣告破产、被吊销营业执照、责令关

闭或被撤销，意味着企业的法人资格已被剥夺，此时企业已无法按照劳动合同履行其权利和义务，劳动合同归于终止。

（一）企业被吊销营业执照

吊销营业执照是登记主管机关依照法律法规的规定，对企业法人违反规定实施的一种行政处罚，对企业法人而言，吊销营业执照就意味着其法人资格被强行剥夺，法人资格也就随之消亡。

（二）企业被责令关闭

企业被责令关闭，是指合法建立的公司或企业在存续过程中，未能一贯严格遵守有关法律法规，被有关政府部门依法查处。

（三）企业被撤销

企业被撤销是指企业未经合法程序成立，或者形式合法但不符合相关法律法规的实体规定，被政府部门发现后受到查处。

（四）企业决定提前解散

实践中，从企业作出解散决议，到企业完成清算并最终完成在当地工商局的注销登记，整个过程的所需时间短则6个月，长则数年。

1.劳动关系终止时间点

虽然《劳动合同法》将“用人单位决定提前解散”作为劳动合同的法定终止事由之一，但是由于企业提前解散需要经过清算过程方可申请注销登记，而外资企业更是需要首先经过审批机关核准。《劳动合同法》并未明确此种情形下劳动合同终止的日期是在这一过程中的哪一个时间点。企业提前解散是一个完整的流程，针对劳动合同终止的时间节点问题，目前主要有以下几种观点。

（1）以企业为员工办理终止劳动合同手续之日为劳动关系终止时点；

（2）通知员工劳动合同终止的时间为劳动关系终止时点；

（3）原审批机关核准企业提前解散之日为劳动关系终止时点；

（4）企业权力机构作出提前解散企业的决议之日为劳动关系终止时点；

（5）企业成立清算组之日为劳动关系终止时点；

（6）企业在工商登记机关办理注销登记之日为劳动关系终止时点；

（7）企业被司法机关判决解散之日为劳动关系终止时点。

2. 企业提前解散的注意事项

（1）以与员工进行协商解除为宜，并始终将协商解除作为贯穿整个员工安置项目的最优方案。

（2）如员工拒绝协商解除，则应当由企业的权力机构在作出企业提前解散的有效决议之后，再启动劳动合同的终止程序。

（3）适用“企业提前解散”路径虽然依法不要求企业提前向人社部门、工会进行报备，但建议企业主动与人社部门、工会进行事前充分沟通，以取得人社部门、工会的理解、支持与配合，避免一旦出现意外，相关机构因未能充分了解情况而向员工倾斜。

（4）有些地方存在地方性规定，要求企业在解除或终止劳动合同后到人社部门进行备案，企业应当注意在事前充分调研当地的相关规定，以防止员工安置项目在收尾阶段出现纰漏，引起不必要的争议纠纷。

六、法律、行政法规规定的其他情形

法律规定不可能包含现实生活中出现的所有现象，因此，《劳动合同法》采用了列举式和兜底式相结合的立法技术进行规范。此兜底条款指前面列举的五项终止情形中，没有包括的或者难以包括的或者目前预测不到的情形。

值得注意的是，劳动合同终止只是双方当事人不再执行劳动合同中约定的事项，但不等于双方劳动关系存续期间发生的权利义务关系消灭。比如，劳动合同终止后，企业拖欠员工劳动报酬的同样负有支付义务，员工仍然可以依法请求法律救济。

·给HR的温馨提示：

劳动合同终止的情形包括：劳动合同期满的；劳动者开始依法享受基本养老保险待遇的；劳动者死亡，或者被人民法院宣告死亡或者宣告失踪的；用人单位被依法宣告破产的；用人单位被吊销营业执照、责令关闭、撤销或者用人单位决定提前解散的；法律、行政法规规定的其他情形。

第二节 | 劳动合同到期不能终止的六种情形

劳动合同期满的，根据《劳动合同法》第四十五条[①]，有以下情形的，劳动合同应当续延至相应的情形消失时终止。

一、从事接触职业病危害作业的员工未进行离岗前职业健康检查

法律针对职业病防治有明确规定，高危职业工作者在离职时，需要做全面的职业健康检查。对于没有做职业健康检查，企业与员工直接协商解除劳动合同的，属于违法解除劳动合同，企业这种逃避责任的行为是得不偿失的。

（一）不得安排未成年工、孕期、哺乳期的女职工从事接触职业病危害的作业

未成年工是指年满16周岁但未满18周岁的员工。由于其生理发育尚未完全成熟，接触职业病危害因素后，其危害后果更严重，更难康复，因此需要受到特殊保护。企业不得安排未成年工从事矿山井下、接触职业病危害、《体力劳动强度分级》标准中第Ⅳ级体力劳动强度和其他禁忌从事的工作，如喷漆、粉碎、冲床、打磨等工种。

孕期、哺乳期的女职工，由于处在特殊的生理状态，从事特定职业或者接触特定职业病危害因素时，比一般职业人群更易于遭受职业病危害，有些职业

---

① 《劳动合同法》第四十五条规定，劳动合同期满，有本法第四十二条规定情形之一的，劳动合同应当续延至相应的情形消失时终止。但是，本法第四十二条第二项规定丧失或者部分丧失劳动能力劳动者的劳动合同的终止，按照国家有关工伤保险的规定执行。

病危害因素甚至可能通过母亲的血液、乳汁进入胎儿或婴儿体内，对胎儿或婴儿造成损害，导致流产、畸胎、先天缺陷和影响发育、成长等。因此，“三期”女职工也需要受到特殊保护，不得从事接触职业病危害的作业。

（二）不要忽略离岗体检

《职业病防治法》第三十五条规定，对从事接触职业病危害的作业的劳动者，用人单位应当按照国务院卫生行政部门的规定组织上岗前、在岗期间和离岗时的职业健康检查，并将检查结果书面告知劳动者。职业健康检查费用由用人单位承担。用人单位不得安排未经上岗前职业健康检查的劳动者从事接触职业病危害的作业；不得安排有职业禁忌的劳动者从事其所禁忌的作业；对在职业健康检查中发现有与所从事的职业相关的健康损害的劳动者，应当调离原工作岗位，并妥善安置；对未进行离岗前职业健康检查的劳动者不得解除或者终止与其订立的劳动合同。职业健康检查应当由取得《医疗机构执业许可证》的医疗卫生机构承担。卫生行政部门应当加强对职业健康检查工作的规范管理，具体管理办法由国务院卫生行政部门制定。

企业对接触职业病危害作业的员工进行离岗体检属于法定义务。即使终止劳动合同的理由充足，只要没有进行离岗体检，也属于违法终止劳动合同。

二、在本单位患职业病或者因工负伤，并被确认丧失或者部分丧失劳动能力

在员工患职业病或者因工负伤并被确认丧失或者部分丧失劳动能力时，劳动合同的终止不以相应情形消失为准，而是应按照国家有关工伤保险的规定执行。对于员工被鉴定为丧失、大部分丧失、部分丧失劳动能力，劳动合同终止的标准各有不同，具体规定如下。

情形1：员工因工致残被鉴定为一级至四级伤残的，即丧失劳动能力的，保留劳动关系，退出工作岗位。

员工被鉴定为丧失劳动能力的，无论其劳动能力是否能恢复，企业都不得终止劳动合同，直至员工达到退休年龄并办理退休手续。

员工因工致残被鉴定为一级至四级伤残的，享受以下待遇：一次性伤残补助金、按月支付伤残津贴、达到退休年龄并办理退休手续后，停发伤残津贴，享受基本养老保险待遇。

情形2：员工因工致残被鉴定为五级、六级伤残的，即大部分丧失劳动能力的，经工伤职工本人提出，该员工可以与企业解除或者终止劳动关系。

员工被鉴定为大部分丧失劳动能力的，只要工伤职工本人提出，劳动合同就可以终止，但如果工伤职工本人没有提出，不管其劳动能力是否恢复，劳动合同都不得终止。

员工因工致残被鉴定为五级、六级伤残的，享受以下待遇：一次性伤残补助金、保留劳动关系的，由企业安排适当工作，难以安排的，有企业按月发给伤残津贴、职工与单位解除或终止劳动关系的，由工伤保险基金支付一次性工伤医疗补助金，由企业支付一次性伤残就业补助金。

情形3：职工因工致残被鉴定为七级至十级伤残的，即部分丧失劳动能力的，劳动合同期满终止。

员工被鉴定为部分丧失劳动能力的，不管其劳动能力是否恢复，劳动合同期满即可终止。HR可以通过《终止/续延劳动合同通知书》与员工终止或续延劳动合同。

职工因工致残被鉴定为七级至十级伤残的，享受以下待遇：一次性伤残补助金；合同期满终止或职工本人提出解除劳动合同的，由工伤保险基金支付一次性工伤医疗补助金，由企业支付一次性伤残就业补助金。

工具20：《终止/续延劳动合同通知书》

《终止/续延劳动合同通知书》

________先生/女士：

本单位与你于____年____月____日签订了________期限劳动合同，现按照

《劳动合同法》第四十四条第____项规定，决定不再与你续订劳动合同，请按下列第________种情形办理手续：

（一）请你在接到此通知后____天内到本单位，办理终止劳动合同关系的相关手续。

（二）因你现处________________________，按照规定请你在该情形消失时______天内到本单位，办理终止劳动合同关系的相关手续。

特此通知。

公司盖章：

年　　月　　日

一式二份（公司和职工各留存一份）

三、患病或者非因工负伤，在规定的医疗期内

（一）员工劳动合同期满，医疗期未满

劳动合同期满，员工患病或者非因工负伤在规定的医疗期内，劳动合同期限也应续延到医疗期届满为止，企业不得依据劳动法的相关规定解除劳动合同。

（二）员工劳动合同期未满，医疗期届满

如果员工患病或者非因工负伤，在规定的医疗期满后不能从事原工作，也不能从事企业另行安排的工作的，企业提前30日以书面形式通知员工本人或者额外支付员工一个月工资后，可以解除劳动合同。

前提是员工的医疗期满后，不能从事原工作，也不能从事企业另行安排的工作的。意味着，企业必须尝试为员工另行安排工作，并保留相关证据，如向员工发送《调岗通知书》的记录及回执等。若员工调岗后，实在不能胜任，企业才可以解除劳动合同。同时，因此原因解除劳动合同的，企业需向员工支付经济补偿金。

（三）员工临近劳动合同期满才发病

情形1：员工临近劳动合同期满才发病，累计医疗期未满而劳动合同期已满，且需停工休息治疗的，劳动合同的期限应自动续延至医疗期期满为止。

情形2：在医疗期内医疗终结的，医疗终结之日即可终止劳动合同。

情形3：对其中经劳动鉴定委员会鉴定为完全丧失劳动能力的，可办理因病或非因工负伤退休、退职手续。不需停工休息治疗者，只要合同期满，便可终止劳动合同。

四、“三期”女职工

为了保护妇女权益，法律规定企业不得在女职工“三期”时解除劳动合同，即使劳动合同期满，“三期”女职工劳动合同也应当续延至相应的情形消失时终止。

（一）“三期”女职工不能解除劳动合同吗？

依据《劳动合同法》第三十六条规定，法律并不禁止企业与“三期”女职工协商一致解除劳动合同；依据《劳动合同法》第三十九条规定，法律也不禁止企业的过失性情形，与“三期”女职工解除劳动合同；也不禁止“三期”女职工主动解除劳动合同。

“三期”女职工与企业签订协商一致解除协议或者提交辞职报告后，企业不得对“三期”女职工进行非过失性解雇。但企业依然享有因员工过失解除劳动合同的权利，员工也依然享有自我选择和处置劳动关系的权利。因此，“三期”女职工自行辞职或自行提出并与企业协商一致解除劳动合同的，一般来说也是具有法律效力的。

（二）劳动合同终止后，女职工发现怀孕能要求恢复劳动关系吗？

法律基于女性生理特点、在社会中所扮演的角色等因素考虑，将女职工作为员工中一个比较特殊的群体，给予了更多的倾向性保护。女职工怀孕期间，劳动合同期满，单位不能终止与其的劳动合同，同时还应保障女员工享有的保险、工资、休息休假、劳动安全与卫生等权益。

特别是在企业单方与女职工解除或终止劳动合同时，法律给企业设定了更多的限制性条件。女职工在与企业协商解除或终止劳动合同时，应当对自身的状况如怀孕等有着更为审慎的注意义务。否则，一旦与企业就解除或终止劳动合同达成协议，事后发现在签订协议时已怀孕，也不能随意主张撤销解除协议或确认解除协议无效，要求恢复劳动关系。

五、在本单位连续工作满十五年，且距法定退休年龄不足五年

如果员工在企业连续工作满十五年，且距法定退休年龄不足五年的，企业是不能以劳动合同期满而终止劳动合同的，劳动合同应当续延至员工达到法定退休年龄时终止。

企业如果违法解除或者终止劳动合同，会被认定为违法解除行为，需支付经济赔偿金。员工要求继续履行劳动合同的，企业应当继续履行。

六、法律、行政法规规定的其他情形

此兜底条款指前面列举的五项劳动合同到期后，不能终止的其他情形或者目前预测不到的情形。

• 给HR的温馨提示：

劳动合同期满，有以下情形之一的，劳动合同应当续延至相应的情形消失时终止。

1.从事接触职业病危害作业的劳动者未进行离岗前职业健康检查，或者疑似职业病病人在诊断或者医学观察期间的；

2.在本单位患职业病或者因工负伤并被确认丧失或者部分丧失劳动能力的；

3.患病或者非因工负伤，在规定的医疗期内的；

4.女职工在孕期、产期、哺乳期的；

5.在本单位连续工作满十五年，且距法定退休年龄不足五年的；

6.法律、行政法规规定的其他情形。

第三节 | 终止劳动合同的经济补偿金

经济补偿金是在劳动合同解除或终止后，企业依法一次性支付给员工经济上的补助，是对员工由于劳动关系终止带来利益损失的补偿，以便员工在重新就业的合理时间内有良好的经济过渡。

一、经济补偿金

（一）经济补偿金计算基数

由于2008年1月1日之前施行的相关法律法规的规定（以下简称以前规定）并未对经济补偿金的基数进行封顶限制，而《劳动合同法》则对经济补偿金的基数进行了一定限制，即如果劳动者在劳动合同解除或者终止前十二个月的平均工资高于上年度本市职工月平均工资三倍的，向其支付经济补偿的标准按职工月平均工资三倍的数额支付，向其支付经济补偿的年限最高不超过十二年，简而言之，即“3倍+12月封顶”。因此，在不同情况下经济补偿金的基数有所不同。

1.如果劳动者的月平均工资不高于上年度本市职工月平均工资三倍，经济补偿金的计算基数按劳动者在劳动合同解除或终止前十二个月的月平均工资确定。

2.如果劳动者工资符合《劳动合同法》规定的三倍封顶的情形，按职工月平均工资三倍确定基数，同时实施封顶计算经济补偿的年限自《劳动合同法》施行之日起计算，《劳动合同法》施行之前的工作年限仍按以前规定的标准计算经济补偿金基数。

（二）经济补偿金计算年限

《劳动合同法》第四十七条规定[①]，经济补偿金按员工在本单位工作年限计算，具体方法如下。

1.每满一年支付一个月工资的标准向员工支付；

2.六个月以上不满一年的，按一年计算；

3.不满六个月的，向员工支付半个月工资的经济补偿。

员工月工资高于企业所在直辖市、设区的市级人民政府公布的本地区上年度职工月平均工资三倍的，向其支付经济补偿的按职工月平均工资三倍的数额支付，向其支付经济补偿的年限最高不超过十二年；封顶十二个月，计算基数封顶，计算年限封顶；基数不封顶，年限不封顶。

以前规定和《劳动合同法》都对经济补偿金的年限进行封顶，以前规定对法定情形进行12个月的年限封顶，而《劳动合同法》只有在"基数"符合封顶条件时才对"年限"进行12个月封顶，所以只需看基数封顶情况即可。

如果《劳动合同法》规定应当支付经济补偿金，同时也不属于以前规定中"经济补偿金总额不超过劳动者十二个月的工资收入"情形的，经济补偿年限自用工之日起计算；但如果《劳动合同法》规定应当支付经济补偿金，但属于以前规定中"经济补偿金总额不超过劳动者十二个月的工资收入"情形时，《劳动合同法》施行前的经济补偿年限要按照以前的规定计算；2008年1月1日后的工作年限按照《劳动合同法》的规定并入计算。

① 《劳动合同法》第四十七条规定，经济补偿按劳动者在本单位工作的年限，每满一年支付一个月工资的标准向劳动者支付。六个月以上不满一年的，按一年计算；不满六个月的，向劳动者支付半个月工资的经济补偿。劳动者月工资高于用人单位所在直辖市、设区的市级人民政府公布的本地区上年度职工月平均工资三倍的，向其支付经济补偿的标准按职工月平均工资三倍的数额支付，向其支付经济补偿的年限最高不超过十二年。本条所称月工资是指劳动者在劳动合同解除或者终止前十二个月的平均工资。

表10-1　经济补偿金计算年限

工作年限	2008年之前	2008年之后
工作不满6个月	1个月工资	0.5个月工资
工作6个月不满一年	1个月工资	1个月工资
工作超过12年	协商一致解除或不胜任工作解除的，12个月工资封顶	超过当地上年度职工月平均工资3倍的，12个月工资封顶
	1.患病或非因工负伤而解除 2.客观情况发生重大变化而解除 3.经济性裁员 无上限	低于当地上年度职工月平均工资3倍的，无上限

计算公式：经济补偿金＝基数×补偿年限

《劳动合同法实施条例》第二十七条规定："劳动合同法第四十七条规定的经济补偿的月工资按照劳动者应得工资计算，包括计时工资或者计件工资以及奖金、津贴和补贴等货币性收入。劳动者在劳动合同解除或者终止前12个月的平均工资低于当地最低工资标准的，按照当地最低工资标准计算。劳动者工作不满12个月的，按照实际工作的月数计算平均工资。"

应发工资是指员工提供正常劳动按照法律规定应当获得的全部工资，包括计时工资、计件工资、奖金、津贴和补贴、延长工作的时间的工作报酬以及特殊情况下支付的工资等。

一些企业在计算离职经济补偿时，以员工的实发工资或者基本工资作为计算基数，从而损害了员工的合法权益。员工在劳动合同解除或者终止前十二个月的平均工资低于当地最低工资标准的，按照当地最低工资标准计算。企业依法应当向员工支付经济补偿的，在办理工作交接时支付。

案例

背景资料：2008年上海市职工月平均工资的3倍为9876元。

情形一：张某1988年1月1日进入单位，2009年4月30日因医疗期满被依法解除合同，其平均月工资为8000元。

情形一属于经济补偿金的基数和年限均未遇到封顶的情况。这一类型包括的法定情形主要有：（1）医疗期满解除；（2）客观情况发生变化解除；（3）经济性裁员；（4）企业破产解散等。

经济补偿金的计算：

经济补偿金的基数：8000元

经济补偿金年限：1988.1.1—2009.4.30=21年4个月（按21.5个月计算）

经济补偿金：8000元 ×21.5个月 =17.2万元

情形二：张某1988年1月1日进入单位，2009年4月30日因不能胜任工作被解除合同，其平均月工资为8000元。

情形二属于按照以前规定要进行年限封顶，而按照《劳动合同法》规定由于劳动者工资未超过当地上年度职工月平均工资的3倍，因此适用对基数不封顶的情形。此时，按照新法、旧法的标准分段计算，然后两者相加即可。

这一类型包括的法定情形主要有：（1）协商一致解除；（2）不能胜任工作解除；（3）以暴力、威胁或者非法限制人身自由的手段强迫劳动；（4）未按照约定支付劳动报酬或者提供劳动条件。

经济补偿金的计算：

经济补偿金基数：8000元

经济补偿金年限：12个月（2008年前）+1.5个月（2008年后）=13.5个月

经济补偿金：8000元 ×13.5个月 =10.8万元

情形三：张某1988年1月1日进入单位，2009年4月30日因经济性裁员被依法解除合同，其月平均工资为10000元。

情形三属于尽管不符合以前规定封顶的法定情形，但符合《劳动合同法》3倍+12个月封顶的情况。这一类型与情形一的法定情形类似，但要同时满足劳动者工资符合3倍封顶的条件。

经济补偿金的计算：

2008年前经济补偿金数额：20个月 ×10000元=20万元

2008年后经济补偿金数额：1.5个月 ×9876元=14814元

经济补偿金总额：20万元+1.4814万元=20.4814万元

情形四：张某1988年1月1日进入单位，2009年4月30日因不能胜任工作被解除合同，其月平均工资为10000元。

情形四属于既符合以前规定封顶的法定情形，又符合《劳动合同法》3倍+12个月封顶的情况。这一类型包括的法定情形与情形二相似，但要同时满足劳动者工资符合3倍封顶的条件。

经济补偿金的计算：

2008年前经济补偿金数额：12个月 ×10000元=12万元

2008年后经济补偿金数额：1.5个月 ×9876元=14814元

经济补偿金总额：12万元+1.4814万元=13.4814万元

准确把握经济补偿金计算总的原则是：凡遇到有封顶的，不论是对基数还是对年限，都要以2008年1月1日为分界点进行分段计算，在计算时先根据封顶情况进行分类，再根据不同类别进行具体计算。

二、无需支付经济补偿金的五种情形

1.劳动合同期满，用人单位维持劳动合同约定条件与劳动者续订劳动合同，劳动者不同意续订，而终止固定期限劳动合同的；

2.劳动合同期满，用人单位提高劳动合同约定条件与劳动者续订劳动合同，劳动者不同意续订，而终止固定期限劳动合同的；

3.劳动者开始依法享受基本养老保险待遇，而终止劳动合同的；

4.劳动者死亡，而终止劳动合同的；

5.劳动者被人民法院宣告死亡或者宣告失踪，而终止劳动合同的。

三、应支付终止劳动合同经济补偿金的八种情形

1.劳动合同期满，劳动者同意续订劳动合同而用人单位不同意续订劳动合同，由用人单位终止固定期限劳动合同的；

2.因用人单位被依法宣告破产而终止劳动合同的；

3.因用人单位被吊销营业执照而终止劳动合同的；

4.因用人单位被责令关闭而终止劳动合同的；

5.因用人单位被撤销而终止劳动合同的；

6.因用人单位决定提前解散而终止劳动合同的；

7.因用人单位经营期限届满不再继续经营导致劳动合同不能继续履行的；

8.因用人单位终止以完成一定工作任务为期限的劳动合同的。

• 给HR的温馨提示：

1.经济补偿金按员工在本单位工作年限：每满一年支付一个月工资的标准向员工支付；六个月以上不满一年的，按一年计算；不满六个月的，向员工支付半个月工资的经济补偿。

2.凡遇到有封顶的，不论是对基数还是对年限，都要以2008年1月1日为分界点进行分段计算，在计算时先根据封顶情况进行分类，再根据不同类别进行具体计算。

3.经济补偿金的月工资按照员工应得工资计算，包括计时工资或者计件工资以及奖金、津贴和补贴等货币性收入。

4.企业无需向员工支付终止劳动合同经济补偿金的五种情形，应向员工支付终止劳动合同经济补偿金的八种情形。

第十一章
劳动关系解除的风险

第一节 丨 解除劳动合同的五大类型

离职管理制度是企业非常重要的管理制度，也是企业必不可少的管理制度。

劳动合同解除是指劳动合同签订以后，在没有履行完毕之前，由于某种因素导致双方提前终止合同效力的法律行为。

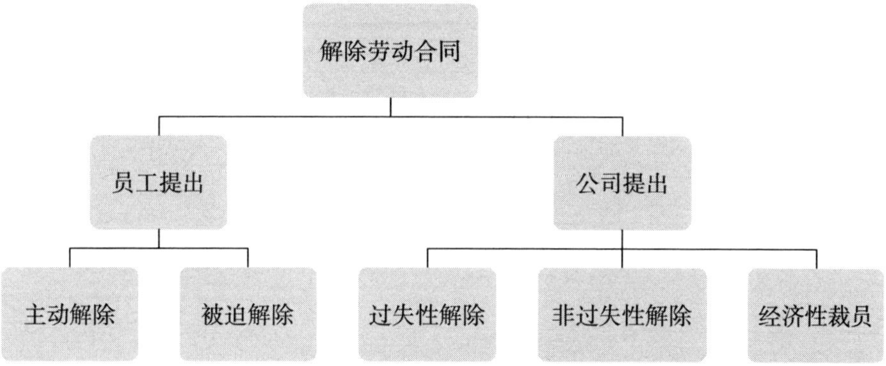

图 11-1　解除劳动合同的类型

一、员工主动辞职解除

根据《劳动合同法》第三十七条规定，员工提前三十日以书面形式通知企业，试用期内员工提前三日通知企业，可以解除劳动合同。

（一）离职的工作交接问题

很多企业因为没有跟离职员工做好工作交接，给企业的运营带来了很大的影响。

1.工作交接要求

（1）主动辞职的员工，填写《员工辞职申请表》，经上级部门审批后办理离职。

（2）HR按照各个需要交接的部门顺序，要求员工通过《员工职务交接表》依次进行工作交接，参与交接的人需签字确认。

（3）要求离职员工签字确认其提交资料的完备性和真实性，并对有关承办数据负责。

工具21：《员工辞职申请表》

《员工辞职申请表》

姓名		部门		职位	
入职日期			合同有效期至		
申请日期			预计离职日期		

辞职原因详述：

致________________________：

本人________（身份证号码：______________________）基于________________________原因，决定解除与公司签订的劳动合同，特向公司递交本申请。

本人承诺按照公司人力资源部门的指引做好离职交接工作，在办结离职交接手续前继续妥善履行义务，否则本人愿意承担相关责任。本人同意在提出本申请后，公司可选择三十日内的任意一日与我解除劳动合同。

本人确认：在职期间，公司已经依法履行了用人单位的相关义务，本人再无任何未结清的权利、款项。

员工签字（按手印）：

日期：

离职员工对公司的建议：

续表

所属部门意见	部门主管签名： 日期： 年 月 日
行政人事部	□同意申请 □其他意见 签名： 日期： 年 月 日
总经理	□同意申请 □其他意见 签名： 日期： 年 月 日

需要注意的是，试用期员工离职必须提前3天，已转正员工离职必须提前30天提出离职申请。审批后及时提交到行政人事部，并领取《员工职务交接表》进行交接工作。离职前一天交回交接表完成手续。

未办理交接手续而离职者，公司有权暂停发放工资。对于应交还而未交还之物品以薪资抵缴。

2. 工作交接与经济补偿的支付

对于法律规定需要支付经济赔偿金的员工，公司应在办理工作交接时支付。若遇到不配合办理工作交接的员工，直接停发经济补偿不是一个很好的办法。

可以在流程中设定员工持《员工职务交接表》到财务领取工资和经济补偿金为离职交接的最后一项；或者确认交接的事实并要求离职员工签字。

3. 员工不配合工作交接的处理

建议企业不要直接扣发工资，而是规定工作交接办理完毕方可支付经济补偿金。给企业造成损失的，由员工承担赔偿责任，但该损失价值需要企业举证。如有关物品的领用与交还，应有详细的签字留档；有关工作进度、报表、日志等，应该有定期的工作小结和计划。

4. 向客户发函件告知

一方面企业应当及时要求员工，向有关客户发函表明自己已经离职；另一方面企业应当向客户发函，以免离职员工继续以企业名义，与客户开展非正规活动致使企业遭受利益损失。

工具22:《员工职务交接表》

《员工职务交接表》

姓名:	部门:	正式离职日期:　　年　　月　　日
所属部门	□无需交接 □先指定＿＿＿＿交接＿＿＿＿的工作,(包括工作具体内容、工作文档、账户密码、U盘、电脑、印章、工作进度情况),请立即进行交接 □附《工作交接表》《待办事项》＿＿页 □无《工作交接表》 移交人签字:　　接收人签字:　　部门主管签字:	
行政部	办公室钥匙:□无领用　□已归还　□未归还:＿＿＿＿ 办公桌钥匙:□无领用　□已归还　□未归还:＿＿＿＿ 文件柜钥匙:□无领用　□已归还　□未归还:＿＿＿＿ 宿舍钥匙:□无领用　□已归还　□未归还:＿＿＿＿ 工卡:□无领用　□已归还　□未归还:＿＿＿＿ 工服:□无领用　□已归还　□未归还:＿＿＿＿ 门禁卡:□无领用　□已归还　□未归还:＿＿＿＿ 餐卡:□无领用　□已归还　□未归还:＿＿＿＿ 办公用品:□无领用　□已归还　□未归还:＿＿＿＿ 其他固定资产: 经办人签名:　　日期:　　年　　月　　日	
人事部	社会保险停办处理:□无办理　□已停办　□未停办:＿＿＿＿ 系统禁用注销:□无开户　□已禁用　□未禁用:＿＿＿＿ 确认停止考勤时间(最后工作日):＿＿＿＿ 人事档案离职办理:□无需办理　□已办结　□缺资料未办结:＿＿＿＿ 保密协议:□无需签署　□已签署 竞业协议:□无需签署　□已签署 其他: 经办人签名:　　日期:　　年　　月　　日	

续表

财务部	借款情况：　□无借款　□已结清　□未结清，金额________元 工资结算：　□无结算　□已结算　□未结算，金额________元 应付账款：　□无应付　□已付清　□未付完，金额________元 个人应收账款：□无应收　□已收清　□未收完，金额________元 客户应收账款：□无应收　□已收清　□未收完，金额________元 其他： 财务经办人签名：　　日期：　年　月　日

（二）离职证明的出具

员工离职，企业不出具离职证明的，由劳动行政部门责令改正；给员工造成损害的，应当承担赔偿责任。

1. 出具离职证明，不能附加任何条件

（1）遇到恶意不交接工作（需有证据证明）却要求企业强制开具离职证明的员工，HR可在其离职证明中注明：**“该员工尚未与本企业完成工作交接。”**

（2）为防范有不辞而别的员工，HR应在企业规章中写明：**“员工在离职时，可随时到人事部门领取离职证明。”**这样，如果离职员工主张企业未为其开具离职证明，那么他必须先证明自己到过人事部门并要求领取离职证明。

2. 离职证明包含的内容

离职证明内容为劳动期限、解除或终止劳动合同日期、工作岗位、在企业的工作年限。开具离职证明时，还应注意以下四个细节。

（1）工作年限或在职时间不能随意填写

有时候员工基于增加工作经验或其他原因的考虑，要求企业填写在职时间或工作年限时多写一段时间，这样往往会导致争议，对企业不利。

（2）不能按照员工意愿随意填写离职原因

根据立法规定，离职原因并不是必填项，可写可不写，但千万不能按照员工的意愿随意填写，否则，有法律风险。

（3）若员工严重违纪被辞退，可不开具离职证明

如果员工是被企业辞退或开除的，企业可为其开具开除证明，而非离职证明。

（4）离职证明最好一式4份或5份

离职证明是一段劳动关系结束的凭证，也是这份工作经历的凭证，所以离职证明最好开4—5份，企业存档1份，员工留存1份，员工档案1份，社保公积金减员1份，有的企业需要在工会留存1份。

二、员工被动辞职解除的六种情形

（一）员工被动辞职的情形

员工被动辞职无须提前通知企业，《劳动合同法》第三十八条规定，用人单位有下列情形之一的，员工可以解除劳动合同：

1.未按照劳动合同约定提供劳动保护或者劳动条件的；

2.未及时足额支付劳动报酬的；

3.未依法为劳动者缴纳社会保险费的；

4.用人单位的规章制度违反法律、法规的规定，损害劳动者权益的；

5.以欺诈、胁迫的手段或者乘人之危，使对方在违背真实意思的情况下订立或者变更劳动合同是无效的；

6.法律、行政法规规定劳动者可以解除劳动合同的其他情形。

其中，用人单位以暴力、威胁或者非法限制人身自由的手段强迫劳动者劳动的，或者用人单位违章指挥、强令冒险作业危及劳动者人身安全的，劳动者可以立即解除劳动合同，无须事先告知用人单位。

（二）被动辞职的流程

很多地区是不认定被动辞职的，要通知公司解除，再办理离职解除程序。

HR可以通过《解除劳动合同通知书》的送达，让员工知道劳动合同解除、终止的事实。企业不仅要将制作好的《解除劳动合同通知书》送达给对方，还要

保留相关证据，证明曾送达给员工，防止员工说没接到解除通知。

工具23：《解除劳动合同通知书》

《解除劳动合同通知书》

________先生/女士：

（　　）

本公司与你签订的______期限劳动合同，由于__________________原因，现根据《劳动合同法》第____条的规定和企业____________的规定，决定自____年____月____日起，解除与你的劳动合同关系，经济补偿金为下列第____种情况：

（一）无经济补偿金。

（二）经济补偿金________元。

请你在接到此通知后____天内到本公司，办理终止劳动关系的相关手续。

特此通知。

公司盖章：

年　　月　　日

一式两份（公司和员工各留存一份）

三、过失性解除劳动合同的六种情形

《劳动合同法》第三十九条规定[①]，员工有下列六种情形之一的，用人单位可以解除劳动合同。

---

① 《劳动合同法》第三十九条规定，劳动者有下列情形之一的，用人单位可以解除劳动合同：（一）在试用期间被证明不符合录用条件的；（二）严重违反用人单位的规章制度的；（三）严重失职，营私舞弊，给用人单位造成重大损害的；（四）劳动者同时与其他用人单位建立劳动关系，对完成本单位的工作任务造成严重影响，或者经用人单位提出，拒不改正的；（五）因本法第二十六条第一款第一项规定的情形致使劳动合同无效的；（六）被依法追究刑事责任的。

（一）在试用期间被证明不符合录用条件的

对于何为不符合录用条件，劳动合同法与其司法解释并无明确的规定。实践中，大多是以员工虚构与录用条件相关的事实，试用期间存在重大工作失误等事项作为员工不符合录用条件的依据。

如员工违反诚实信用原则对影响劳动合同履行的自身基本情况有隐瞒或虚构事实的，比如提供虚假学历证书、假身份证、假护照等个人重要证件；对履历、知识、技能、业绩、健康等个人情况说明与事实有重大出入的；在试用期间存在重大工作失误的，对工作失误的认定以劳动法相关规定、企业规章制度以及双方合同约定内容为判断标准等。

（二）严重违反企业的规章制度的

企业可以通过内部的人事管理规定，确定人事考核的规定。但是并不是员工违反规章制度，企业就能当然地单方解除劳动合同的。

首先，要确保企业的规章制度程序合法，内容合法。只有该制度满足依据民主程序制定的条件，且不违反国家法律法规，向员工进行了公示，才可作为依据。

其次，按照劳动合同法的规定，只有员工违反规章制度达到严重的程度，企业才能单方解除合同。

所以，企业在编制其企业规章时应注意明确规定何谓“严重”。

（三）严重失职，营私舞弊，给企业造成重大损害的

员工有失职、营私舞弊行为的，企业并不能理所当然地解除劳动合同，还得具备一个条件，即严重失职、营私舞弊给企业造成重大损害的。

未造成重大损害的，企业不得解除劳动合同。严重失职、营私舞弊是指员工在履行劳动合同期间，没有按照岗位职责履行自己的义务，违反其忠于职守、维护企业利益的义务，有未尽职责的严重过失行为或者利用职务之便牟取私利的故意行为，使企业有形财产、无形财产遭受重大损害，尚不够刑罚处罚的程度。何谓“重大损害”，法律并无具体规定，也是可以由企业规章制度来明确的。

（四）员工同时与其他企业建立劳动关系，对完成本单位的工作任务造成严重影响，或者经企业提出，拒不改正的

一般情况下，一个员工只能与一个企业建立劳动关系，但有时员工同时与两个以上企业建立劳动关系。在此时，企业也并不一定能够形成单方解除权。只要是对本企业工作任务不造成严重影响或企业不反对兼职的，双重劳动关系是受法律保护的。即使原企业反对，也不会当然地导致后续劳动关系的无效，只是原企业可以解除劳动合同。

（五）以欺诈、胁迫的手段或者乘人之危，使对方在违背真实意思的情况下订立，致使劳动合同无效的

《劳动合同法》第二十六条第一款规定：下列劳动合同无效或者部分无效：（一）以欺诈、胁迫的手段或者乘人之危，使对方在违背真实意思的情况下订立或者变更劳动合同的……

“欺诈”应该至少具有以下三个显著特征，即主观上的恶意，行为上的工作关联性和后果上的危害。

1.主观上的恶意表明，实施欺诈行为的员工，主观上具有虚构事实或隐瞒真相的故意，且该种故意具有为个人牟取非正常途径所能获得利益的目的。

2.行为上的工作关联性则要求，员工实施的欺诈行为，客观上是与工作相关联的，并且会因此影响到企业正常业务的开展。

3.后果上的危害则是指，员工的欺诈行为已经或必将给企业造成较大的影响或损失。

HR在实务管理中，必须要做到具体问题具体分析，及时将员工那些或出于善意的，或出于维护企业利益需要的，或与工作毫不相干的“欺诈”行为鉴别出来，因为这并不能致使员工承担主要责任。

（六）被依法追究刑事责任的

追究刑事责任就是被判刑了，很多人认为只要被限制了人身自由就是被追究刑事责任了，这种理解是片面的，有时虽然被限制了人身自由也代表被追究刑事责任；有些情况，即使没有限制人身自由也属于被追究刑事责任。

被追究刑事责任的，实际上指两种情形：

1.员工因犯罪被判处刑罚的，不管是单处主刑或附加刑还是并处主刑和附加刑，均属于被依法追究刑事责任。

（1）主刑：管制、拘役、有期徒刑、无期徒刑、死刑；

（2）附加刑：罚金、剥夺政治权利、没收财产。

2.对于犯罪情节轻微不需要判处刑罚的，可以免予刑事处罚的，人民检察院作出不起诉决定的，则不属于被依法追究刑事责任。

四、非过失性解除劳动合同的三种情形

《劳动合同法》第四十条规定[①]，有下列三种情形之一的，企业因客观原因提前三十日以书面形式通知劳动者本人或者额外支付劳动者一个月工资后，可以解除劳动合同。

（一）员工患病或者非因工负伤，在规定的医疗期满后不能从事原工作，也不能从事由企业另行安排的工作的

员工在医疗期满后（非工伤），劳动合同尚未届满，员工能从事原工作的，可以继续履行劳动合同；不能从事原工作，企业应当为其另行安排其他工作；员工也不能从事由企业另行安排的工作的，由劳动鉴定委员会参照工伤与职业病致残程度鉴定标准进行劳动能力鉴定。被鉴定为一级至四级的，应当退出劳动岗位，终止劳动关系，办理因病或非因工负伤退休退职手续，享受相应的退休退职待遇；被鉴定为五级至十级的，企业可以解除劳动合同。

---

① 《劳动合同法》第四十条规定，有下列情形之一的，用人单位提前三十日以书面形式通知劳动者本人或者额外支付劳动者一个月工资后，可以解除劳动合同：（一）劳动者患病或者非因工负伤，在规定的医疗期满后不能从事原工作，也不能从事由用人单位另行安排的工作的；（二）劳动者不能胜任工作，经过培训或者调整工作岗位，仍不能胜任工作的；（三）劳动合同订立时所依据的客观情况发生重大变化，致使劳动合同无法履行，经用人单位与劳动者协商，未能就变更劳动合同内容达成协议的。

（二）员工不能胜任工作，经过培训或者调整工作岗位，仍不能胜任工作的

在劳动合同履行过程之中，如果员工出现不能胜任原岗位工作的情况，也就是其工作水平、学习能力等方面的个人技能不能满足原岗位工作需要的情形下，企业应给予相应的技术培训，其目的是提高其技能，满足原岗位的工作需要。

企业在员工不能胜任原岗位的情形下，没有对其进行培训，就应当对其进行工作岗位的调整。只有在经过上述“工作培训”或“岗位调整”后，员工仍然不能胜任工作的情形下，企业才能依法解除劳动合同。

很多企业对员工岗前培训的认识还是存在较大偏差，不少企业认为员工没有提供正式劳动，可以不发工资，不建立劳动关系，这种观点无疑存在很大的法律风险。

1.证明员工不胜任工作

绩效考核是以“不胜任工作”为由解除的关键证据。在实践中，如果员工绩效是单纯由部门领导等人为其打分，而不是根据客观指标计量，这种方式就容易掺杂许多人为因素，存在有失公正的可能性，如果出现纠纷也难以得到支持。

要证明一个员工不胜任工作，基本要有以下证据：

（1）在企业规章制度中明确界定不胜任工作的具体标准+员工签字确认；

（2）劳动合同或企业规章制度中明确约定岗位职责和绩效指标+员工签字确认；

（3）员工的工作表现及绩效考核表+员工签字确认。

对于绩效这一关键证据，建议尽力做到量化，如果确实无法量化，也应该设定由一些其他不存在利益冲突的人员（如客户）进行打分评价。

另外，建议HR应该在平时工作中对于员工的工作失误以及其他不利于工作的行为及时给予书面反馈，并让员工签字确认，必要时可作为“不胜任工作”的证据。

2.不胜任解除的程序

员工不能胜任工作，经过培训或者调整工作岗位，仍不能胜任工作的，方可解除劳动合同；由此可见，在不胜任解除前，还需要进行培训或者调岗，如果仍然不能胜任才可以解除。

实操中，并不是一发现员工不胜任工作就可直接解除劳动合同，而是需要

经过两次步骤证明该员工不胜任才可以。总体来说，要对一个员工进行不胜任解除，需要有至少以下5个步骤。

（1）有培训或调整工作岗位的证明；

（2）有员工在培训或调岗前后均不胜任工作的证明；

（3）书面通知员工解除劳动合同；

（4）提前30天发出解除通知，或者给予一个月工资后当天发出；

（5）支付经济补偿金。

由此可见，以“不胜任工作”的理由解除员工并不是想象的那么随意，而是需要注意相关程序的合法性，才能降低人力资源管理中的风险。

3.合法解除不胜任工作员工

以员工不能胜任工作为依据解除劳动合同，企业要注意以下事项：

（1）首先必须按照企业的相关规章制度以及合同明确规定的工作标准，对员工进行绩效考核。

（2）若员工无法通过考核，并且在考核中被证明不能胜任本职工作，则企业必须为员工提供进一步的培训或者为其调整工作岗位。如果为其调整工作岗位，这个岗位必须是员工应该能够胜任的，而不是蓄意安排一个难度超过其本身能力范围的岗位或是安排员工从事带有羞辱性的工作。

（3）企业应给予员工一个合理的期限，让员工得以改进其工作表现；法律并未明确规定究竟这个改进期应该有多长，但是实践中一般认为至少一个月。当然，最终仍取决于仲裁员和法官的自由裁量权来判定这个期限是否合理，是否与岗位所需的知识、技术相适应。

（4）若员工在上述的改进期限结束时仍然不能胜任工作，则企业可以解除合同。解除时，企业必须依法向员工支付经济补偿金，并依法完成相关解除程序。

如果在劳动合同中并未包括任何关于员工工作职责的具体描述，并且企业也没有为其设定任何绩效考核标准。那么企业对员工进行的绩效考核可能被认为是主观的和武断的。如果员工诉诸法律，企业在劳动争议案件中将极可能败诉。

（三）劳动合同订立时所依据的客观情况发生重大变化，致使劳动合同无法履行，经企业与员工协商，未能就变更劳动合同内容达成协议的

客观情况指发生不可抗力或出现致使劳动合同全部或部分条款无法履行的其他情况，如企业迁移、被兼并、企业资产转移等。劳动合同订立时所依据的客观情况发生重大变化一般包括：

1.地震、火灾、水灾等自然灾害形成的不可抗力；

2.受法律、法规、政策变化导致企业迁移、资产转移或者停产、转产、转（改）制等重大变化的；

3.特许经营性质的企业经营范围等发生变化的。在出现以上情形时，企业也应当先与员工协商变更劳动合同，无果后才能解除劳动合同。

五、经济性裁员解除劳动合同的四种情形

经济性裁员，是指企业在发生经营困难等特定情形下时，可以通过法定程序，批量解除与员工的劳动关系，而不需要承担违约责任。企业濒临破产进行法定整顿期间或者生产经营状况发生严重困难，确需裁减人员的，应当提前三十日向工会或全体员工说明情况，听取工会或者员工意见后，裁人方案向劳动行政部门报告，可以裁减人员。

《劳动合同法》第四十一条第一款规定①，有下列四种情形之一，需裁减人员20人以上或裁减不足20人但占企业员工总数10%以上的，才可启动裁员程序。

（一）依照企业破产法规定进行重整的

按照《企业破产法》的相关规定，企业破产需要向法院提出破产申请，并

---

① 《劳动合同法》第四十一条第一款规定，有下列情形之一，需要裁减人员二十人以上或者裁减不足二十人但占企业职工总数百分之十以上的，用人单位提前三十日向工会或者全体职工说明情况，听取工会或者职工的意见后，裁减人员方案经向劳动行政部门报告，可以裁减人员：（一）依照企业破产法规定进行重整的；（二）生产经营发生严重困难的；（三）企业转产、重大技术革新或者经营方式调整，经变更劳动合同后，仍需裁减人员的；（四）其他因劳动合同订立时所依据的客观经济情况发生重大变化，致使劳动合同无法履行的。

由法院裁定企业进行破产法规定的重整程序，通过债权人会议及企业破产管理人的相关程序，企业才可以经济性裁员。

（二）生产经营发生严重困难的

企业通常需要对其发生严重困难承担举证责任。一般来讲，企业需要掌握下列证据。

1.财务报表，如年度、季度连续亏损表。这些财务报表，最好是经过外部审计机构进行了审计的报表。

2.听取员工意见的证明。

3.当地劳动和社保部门的书面认定意见等。

目前没有对困难企业的认定标准与程序做统一规定，但各地方政府在对经济性裁员的规定中对企业生产经营发生严重困难的情形做了一些规定。困难企业的认定以企业财务资料为主要依据，一般应符合以下条件。

1.企业经营发生严重困难并已出现亏损，长期停产或半停产。

2.确因企业困难已经连续多月降低或欠发员工工资（一般为6个月）。

3.确因企业困难有拖欠员工社会保险现象。

4.采取停止招工、停止加班加点等补救性措施，且生产经营状况无明显好转等。

（三）企业转产、重大技术革新或者经营方式调整，经变更劳动合同后，仍需裁减人员的

（四）其他因劳动合同订立时所依据的客观经济情况发生重大变化，致使劳动合同无法履行的

（五）经济性裁员的适用条件

1.禁止裁员人员

（1）从事接触职业病危害作业的员工未进行离岗前职业健康检查，或者疑似职业病病人在诊断或者医学观察期间的。

（2）在本单位患职业病或者因工负伤并被确认丧失或者部分丧失劳动能力的。

（3）患病或者非因工负伤，在规定的医疗期内的。

（4）女职工在孕期、产期、哺乳期的。

（5）在本单位连续工作满十五年，且距法定退休年龄不足五年的。

2.裁员优先留用人员

（1）与本单位订立较长期限的固定期限劳动合同的。

（2）与本单位订立无固定期限劳动合同的。

（3）家庭无其他就业人员，有需要扶养的老人或者未成年人的。

（4）企业裁减人员后，在6个月内重新招用人员的，应当通知被裁减的人员，并在同等条件下优先招用被裁减的人员。

（六）经济性裁员法律适用程序

1.提前30日向工会或者全体员工说明情况并提供有关生产经营状况的资料。

2.提出裁减人员方案，内容包括：被裁减人员名单，裁减时间及实施步骤，符合法律、法规规定和集体合同约定的被裁减人员经济补偿办法。

3.将裁减人员方案征求工会或者全体员工的意见，并对方案进行修改和完善；没有建立工会的企业进行经济性裁员，只有向全体员工说明情况，听取员工的意见。听取员工意见可以有多种形式，如座谈会、设置意见箱、部门负责人收集意见等，这些企业都要保留充分的证据，发生纠纷时才能举证。企业适用经济裁员措施不需要员工同意，但是必须符合法定程序以及不得裁减法律禁止裁减的人员。

4.向当地劳动行政部门报告裁减人员方案以及工会和全体员工的意见，并听取劳动行政部门的意见。

5.由企业正式公布裁减人员方案，与被裁减人员办理解除劳动合同手续，按照有关规定向被裁减人员本人支付经济补偿金，出具裁减人员证明书。

对企业来说，除裁员外，也可考虑其他合适的变通方案，如与员工进行协商，以降薪、调岗、减少工作时间来替代裁员。

而对员工来说，与其失去工作（没有赔偿金），接受临时性的变通方案既是一个互利共赢的对策，也是与企业命运相系，同舟共济的表现。

第二节 | 不得解除劳动合同的三大类型

一、法律规定的情形

员工有下列情形之一的，企业不得依照《劳动合同法》第四十条、第四十一条规定解除劳动合同。

1. 从事接触职业病危害作业的劳动者未进行离岗前职业健康检查，或疑似职业病病人在诊断或医学观察期间的；

2. 在本单位患职业病或者因工负伤并被确认丧失或者部分丧失劳动能力的；

3. 患病或者非因工负伤，在规定的医疗期内的；

4. 女职工在孕期、产期、哺乳期的；

5. 在本单位连续工作满十五年，且距法定退休年龄不足五年的；

6. 法律、行政法规规定的其他情形。

二、员工在医疗期内

员工非因公致残和经医生或医疗机构认定患有难以治疗的疾病，在医疗期内医疗终结，不能从事工作，也不能从事企业另行安排的工作的，应当由劳动鉴定委员会参照工伤与职业病致残程度鉴定标准进行劳动能力的鉴定。

1. 被鉴定为一级至四级的，应当退出劳动岗位，终止劳动关系，办理退休、退职手续，享受退休、退职待遇。

2. 被鉴定为五级至十级的，医疗期内不得解除劳动合同。

3.医疗期满尚未痊愈者，被解除劳动合同的经济补偿问题按照有关规定执行。

医疗期期间，公休、假日和法定节日包括在内，对某些患特殊疾病（如癌症、精神病、瘫痪等）的员工，在24个月内尚不能痊愈的，经企业和劳动主管部门批准，可以适当延长医疗期。

三、“三期”女职工

《妇女权益保障法》规定：任何单位不得以结婚、怀孕、产假、哺乳等为由，降低女职工的工资、辞退女职工或单方解除劳动（聘用）合同或者服务协议。但是，女职工要求终止劳动（聘用）合同或者服务协议的除外。

第三节 | 解除劳动合同的经济补偿金

一、无需支付解除劳动合同经济补偿金标准的十二种情形

1.劳动者在试用期内提前三日通知用人单位解除劳动合同的；

2.劳动者提前三十日以书面形式通知用人单位解除劳动合同的；

3.劳动者提出，经与用人单位协商一致解除劳动合同的；

4.劳动者在试用期间被证明不符合录用条件的，用人单位解除劳动合同的；

5.劳动者严重违反用人单位的规章制度，用人单位解除劳动合同的；

6.劳动者严重失职，营私舞弊，给用人单位造成重大损害，用人单位解除劳动合同的；

7.劳动者同时与其他用人单位建立劳动关系，对完成本单位的工作任务造成严重影响，用人单位解除劳动合同的；

8.劳动者同时与其他用人单位建立劳动关系，经用人单位提出，拒不改正，用人单位解除劳动合同的；

9.劳动者以欺诈的手段，使用人单位在违背真实意思的情况下订立或者变更劳动合同，致使劳动合同无效，用人单位解除劳动合同的；

10.劳动者以胁迫的手段，使用人单位在违背真实意思的情况下订立或者变更劳动合同，致使劳动合同无效，用人单位解除劳动合同的；

11.劳动者乘人之危，使用人单位在违背真实意思的情况下订立或者变更劳动合同，致使劳动合同无效，用人单位解除劳动合同的；

12.劳动者被依法追究刑事责任，用人单位解除劳动合同的。

二、应支付解除劳动合同经济补偿金标准的二十五种情形

(一)劳动者解除劳动合同的十七种情形

1.用人单位未按照劳动合同约定提供劳动保护，劳动者解除劳动合同的；

2.用人单位未按照劳动合同约定提供劳动条件，劳动者解除劳动合同的；

3.用人单位无故拖欠工资，劳动者解除劳动合同的；

4.用人单位克扣工资，劳动者解除劳动合同的；

5.用人单位低于当地最低工资标准支付劳动者工资，劳动者解除劳动合同的；

6.用人单位未依法为劳动者缴纳社会保险费，劳动者解除劳动合同的；

7.用人单位的规章制度违反法律、法规的规定，损害劳动者权益，劳动者解除劳动合同的；

8.用人单位以欺诈手段，使劳动者在违背真实意思的情况下订立或者变更劳动合同，致使劳动合同无效，劳动者解除劳动合同的；

9.用人单位以胁迫手段，使劳动者在违背真实意思的情况下订立或者变更劳动合同，致使劳动合同无效，劳动者解除劳动合同的；

10.用人单位乘人之危，使劳动者在违背真实意思的情况下订立或者变更劳动合同，致使劳动合同无效，劳动者解除劳动合同的；

11.用人单位免除自己的法定责任、排除劳动者权利，致使劳动合同无效，劳动者解除劳动合同的；

12.用人单位订立劳动合同违反法律、行政法规强制性规定，致使劳动合同无效，劳动者解除劳动合同的；

13.用人单位以暴力手段强迫劳动，劳动者解除劳动合同的；

14.用人单位以威胁手段强迫劳动，劳动者解除劳动合同的；

15.用人单位以非法限制人身自由的手段强迫劳动，劳动者解除劳动合同的；

16.用人单位违章指挥危及劳动者人身安全，劳动者解除劳动合同的；

17.用人单位强令冒险作业危及劳动者人身安全，劳动者解除劳动合同的。

（二）用人单位解除劳动合同的八种情形

1.用人单位提出，双方协商解除劳动合同的；

2.劳动者患病或者非因工负伤，在规定的医疗期满后不能从事原工作，也不能从事由用人单位另行安排的工作，用人单位提前三十日以书面形式通知劳动者本人后解除劳动合同的；

3.劳动者不能胜任工作，经过培训或者调整工作岗位，仍不能胜任工作，用人单位提前三十日以书面形式通知劳动者本人后解除劳动合同的；

4.劳动合同订立时所依据的客观情况发生重大变化，致使劳动合同无法履行，经用人单位与劳动者协商，未能就变更劳动合同内容达成协议，用人单位提前三十日以书面形式通知劳动者本人后解除劳动合同的；

5.用人单位依照企业破产法规定进行重整，依法裁减人员的；

6.用人单位生产经营发生严重困难，依法裁减人员的；

7.企业转产、重大技术革新或者经营方式调整，经变更劳动合同后，仍需裁减人员，用人单位依法定程序裁减人员的；

8.其他因劳动合同订立时所依据的客观经济情况发生重大变化，致使劳动合同无法履行，用人单位依法定程序裁减人员的。

三、劳务派遣单位支付经济补偿金的十二种情形

被派遣劳动者因以下原因被用工单位退回，劳务派遣单位重新派遣时维持或者提高劳动合同约定条件，被派遣劳动者不同意的，劳务派遣单位提出解除劳动合同或劳务派遣单位重新派遣时降低劳动合同约定条件，导致被派遣劳动者提出解除劳动合同的，劳务派遣单位需支付经济补偿金的十二种情形。

1.劳务派遣用工关系建立时所依据的客观情况发生重大变化，致使劳务派遣用工无法履行，用工单位提出退回的；

2.用工单位依照企业破产法规定进行重整，需退回派遣人员的；

3.用工单位生产经营发生严重困难，需退回派遣人员的；

4.用工单位转产、重大技术革新或者经营方式调整，需退回派遣人员的；

5.其他因劳务派遣用工关系建立时所依据的客观经济情况发生重大变化，致使无法继续劳务派遣用工，用工单位需退回的；

6.用工单位被依法宣告破产的；

7.用工单位被吊销营业执照的；

8.用工单位被责令关闭的；

9.用工单位被撤销的；

10.用工单位决定提前解散的；

11.用工单位经营期限届满不再继续经营的；

12.劳务派遣协议期满终止的。

四、应支付解除劳动合同经济补偿金标准为“N+1”的三种情形

解除劳动关系，用人单位应向劳动者支付解除劳动合同经济补偿金标准为“N+1”的三种情形。

1.劳动者患病或者非因工负伤，在规定的医疗期满后不能从事原工作，也不能从事由用人单位另行安排的工作，用人单位额外支付劳动者一个月工资后解除劳动合同的。

2.劳动者不能胜任工作，经过培训或者调整工作岗位，仍不能胜任工作，用人单位额外支付劳动者一个月工资后解除劳动合同的。

3.劳动合同订立时所依据的客观情况发生重大变化，致使劳动合同无法履行，经用人单位与劳动者协商，未能就变更劳动合同内容达成协议，用人单位额外支付劳动者一个月工资后解除劳动合同的。

第四节 | 赔偿金和代通知金

一、违法解除的赔偿金

赔偿金是企业违反法律规定或者劳动合同约定，造成员工经济损失的惩罚性补偿措施。企业“违法”是员工请求赔偿金的前提，员工如果发现企业违法解除或终止劳动合同，有权请求其支付赔偿金。比如劳动合同未满，企业无故解除劳动合同，则属于违法解除行为。

按照《劳动合同法》第八十七条规定，企业违反本法规定解除或者终止劳动合同的，应当依照经济补偿标准的二倍向员工支付赔偿金。**赔偿金与经济补偿金是一种替代关系，只能适用其一，不能重复适用。**

计算公式：赔偿金＝经济补偿金 ×2

（一）赔偿金的两种情形

情形一：员工月工资不高于企业所在直辖市、设区的市级人民政府公布的本地区上年度职工月平均工资三倍时经济赔偿按员工在本单位工作的年限，每满一年支付两个月工资的标准向员工支付。六个月以上不满一年的，按一年计算；不满六个月的，向员工支付一个月工资的经济赔偿金。

表11-1 工作年限与赔偿金数额速查表

员工在本企业工作的年限	赔偿金数额
半年以内	1个月工资
半年以上一年以内	2个月工资
一年以上一年半以内	3个月工资

续表

员工在本企业工作的年限	赔偿金数额
……	……
N年以上N年半以内	（2N+1）个月工资
N年半以上（N+1）年以内	（2N+2）个月工资

注：N为整数。

情形二：员工月工资高于企业所在直辖市、设区的市级人民政府公布的本地区上年度职工月平均工资三倍时。赔偿金的工资标准按本地区上年度职工月平均工资三倍计算，赔偿金数额如表11-2所示。

表11-2 工作年限与赔偿金数额速查表

员工在本企业工作的年限	赔偿金数额
半年以内	1个月工资
半年以上一年以内	2个月工资
一年以上一年半以内	3个月工资
一年半以上两年以内	4个月工资
两年以上两年半以内	5个月工资
两年半以上三年以内	6个月工资
三年以上三年半以内	7个月工资
三年半以上四年以内	8个月工资
四年以上四年半以内	9个月工资
四年半以上五年以内	10个月工资
五年以上五年半以内	11个月工资
五年半以上六年以内	12个月工资
六年以上六年半以内	13个月工资
六年半以上七年以内	14个月工资
七年以上七年半以内	15个月工资
七年半以上八年以内	16个月工资
八年以上八年半以内	17个月工资
八年半以上九年以内	18个月工资

续表

员工在本企业工作的年限	赔偿金数额
九年以上九年半以内	19个月工资
九年半以上十年以内	20个月工资
十年以上十年半以内	21个月工资
十年半以上十一年以内	22个月工资
十一年以上十一年半以内	23个月工资
十一年半以上	24个月工资

上述表述“以内”时不含刚好满期情况，表述“以上”时含刚好满期情况。月工资是指员工在劳动合同解除或者终止前12个月的平均工资。

（二）不列入经济补偿金基数的劳动收入

1.社会保险福利费用，如丧葬抚恤救济费、生活困难补助费、计划生育补贴等；

2.劳动保护费用，如工作服、解毒剂、清凉饮料费用等；

3.按规定未列入工资总额的各种劳动报酬及其他劳动收入，如创造发明奖、国家星火奖、自然科学奖、科学技术进步奖、合理化建议和技术改进奖、中华技能大奖等，以及稿费、讲课费、翻译费等。

二、代通知金

代通知金的支付与企业解除的事实依据及通知解除的时间密切相关。除《劳动合同法》第四十条规定的情形外，企业以其他理由依法解除劳动合同，如协商解除、以员工严重违纪解除，均不需支付代通知金。

案例

张某于2018年11月10日入职A公司担任销售总监一职，双方签订了三年期限的劳动合同，张某正常提供劳动至2019年3月29日。2019年3月29日，A公司以张某被证明不能胜任工作为由单方解除劳动合同，争议由此产生。

张某到仲裁委员会申请仲裁，认为A公司解除劳动合同没有事实依据，构成违法解除，要求A公司支付赔偿金，同时要求A公司支付未提前一个月通知解除劳动合同的代通知金。

案例解析

案件审理中，A公司未就张某不能胜任工作提供充分证据，解除行为构成违法解除。A公司违法解除劳动合同成立，是否还需要支付未提前一个月通知的代通知金？

仲裁委员会裁决A公司支付张某违法解除劳动合同的赔偿金，驳回了张某关于支付未提前一个月通知解除劳动合同的代通知金的请求。

员工符合《劳动合同法》第四十条规定情形的，企业据此解除劳动合同，系合法解除，应当支付员工解除劳动合同的经济补偿。是否支付代通知金，看企业是否已经提前30天通知员工。

1.代通知金的计算

其额外支付的工资应当按照该员工上一个月的工资标准确定。正常活动下的工资是5000元，还有活动下的工资，比如绩效，那就按照离职前12个月的平均工资确定。

2.发代通知金还是提前一个月通知？

提前30天通知，还是发代通知金？建议支付代通知金。避免解除的时候，员工说自己怀孕了，并提交相关证明，这样用人单位就不能解除劳动合同了。实操中，有很多不可控的因素。

• 给HR的温馨提示：

1.员工月工资不高于企业所在直辖市、设区的市级人民政府公布的本地区上年度职工月平均工资三倍时经济赔偿按员工在本单位工作的年限，每满一年支付两个月工资的标准向员工支付。六个月以上不满一年的，按一年计算；不满六个月的，向员工支付一个月工资的经济赔偿金。

2.员工月工资高于企业所在直辖市、设区的市级人民政府公布的本地区上年度职工月平均工资三倍时，赔偿金的工资标准按本地区上年度职工月平均工资三倍计算。

3.只有当企业依据《劳动合同法》第四十条规定情形与员工合法解除劳动合同时，员工才可以要求支付解除劳动合同的经济补偿金及代通知金。如果员工认为企业构成违法解除，应当直接要求支付违法解除劳动合同的赔偿金。

图书在版编目(CIP)数据

HR全流程法务实操手册：人力资源管理从新手到高手 / 金莹著. —北京：中国法制出版社，2022.6
ISBN 978-7-5216-2573-8

Ⅰ.①H… Ⅱ.①金… Ⅲ.①人力资源管理—劳动法—基本知识—中国 Ⅳ.①D922.5

中国版本图书馆CIP数据核字（2022）第042354号

责任编辑：马春芳 封面设计：汪要军

HR全流程法务实操手册：人力资源管理从新手到高手

HR QUANLIUCHENG FAWU SHICAO SHOUCE：RENLI ZIYUAN GUANLI CONG XINSHOU DAO GAOSHOU

著者 / 金莹

经销 / 新华书店

印刷 / 三河市国英印务有限公司

开本 / 710毫米×1000毫米 16开 印张 / 18.75 字数 / 265千

版次 / 2022年6月第1版 2022年6月第1次印刷

中国法制出版社出版

书号ISBN 978-7-5216-2573-8 定价：69.00元

北京市西城区西便门西里甲16号西便门办公区

邮政编码：100053 传真：010-63141852

网址：http://www.zgfzs.com **编辑部电话：010-63141822**

市场营销部电话：010-63141612 **印务部电话：010-63141606**

（如有印装质量问题，请与本社印务部联系。）